RECRUITMENT
ON ARTIFICIAL INTELLIGENCE
RECRUITMENT CHANGES IN THE WAVE OF AI INDUSTRY

智能招聘
人工智能浪潮下的招聘大变局

胡俊生 著

企业管理出版社
ENTERPRISE MANAGEMENT PUBLISHING HOUSE

图书在版编目（CIP）数据

智能招聘：人工智能浪潮下的招聘大变局/胡俊生著.—北京：企业管理出版社，2020.5

ISBN 978-7-5164-2118-5

Ⅰ.①智… Ⅱ.①胡… Ⅲ.①人工智能—应用—企业管理—招聘 Ⅳ.①F272.92-39

中国版本图书馆CIP数据核字（2020）第035956号

书　　名	智能招聘：人工智能浪潮下的招聘大变局
作　　者	胡俊生
责任编辑	李　坚
书　　号	ISBN 978-7-5164-2118-5
出版发行	企业管理出版社
地　　址	北京市海淀区紫竹院南路17号　邮编：100048
网　　址	http://www.emph.cn
电　　话	编辑部（010）68414643　发行部（010）68701816
电子信箱	qiguan1961@163.com
印　　刷	北京市密东印刷有限公司
经　　销	新华书店
规　　格	147毫米×210毫米　32开本　10印张　200千字
版　　次	2020年5月第1版　2020年5月第1次印刷
定　　价	88.00元

版权所有　翻印必究·印装错误　负责调换

孙兆刚　序

郑州航空工业管理学院商学院教授
武汉理工大学管理学博士、博士后
河南人力资源开发研究会秘书长

社会发展经过了基于蒸汽技术的第一次工业革命、基于电力技术的第二次工业革命、基于计算机及信息技术的第三次工业革命，目前，又迎来了基于石墨烯、基因技术、人工智能、量子信息、可控核聚变、清洁能源、生物技术的第四次工业革命，技术变革正在以指数速率向前行进，特别是人工智能、大数据、区块链、人机交互……一系列数字化新技术正在不断颠覆人们的生活与工作方式，增加了工作场所的动荡性和复杂性，以我们从未想过的方式影响着每个行业的每个组织，重塑商业世界的竞争规则与态势，重构人力资源管理的边界。

在这个VUCA时代，HR们如何从幕后走向舞台中心？HR们还在抱着各种管理工具不撒手吗？HR们如何从琐事中解脱出来，又该如何快速成长？大数据与人工智能浪潮下的人力资源管理招聘如何做？胡俊生博士的这部《智能招聘》不仅可以帮助组

AI+HR
智能招聘：人工智能浪潮下的招聘大变局

织应对这种动荡，还可以帮助组织定位最有价值的资产。本书可以为企业CEO、人力资源总监、人力资源经理、人力资源专业人士等精英人士指点迷津。

过去几年中，人力资源技术和创新迅猛发展，这使得过去十年中的某些传统人力资源系统显得过时了。推动人力资源技术创新的移动技术、社交媒体、数据分析、学习管理、沉浸式体验、情感计算与识别、内部社交与协作枢纽、无人化人力资源共享服务中心、数字化会话平台、机器劳动力、灵活用工、行为设计、数字化伦理等将HR管理体系置于一个远离平衡态的耗散结构，人力资源管理者需要尝试不断地打破边界，用新的技术手段与管理思维破局，从无序到有序，再重归无序，以此拓展边界，揭开人力资源管理的新篇章。本书作者拥有人工智能技术研发的深厚功底以及丰富的人力资源管理实战经验，跳出了传统HR的角色局限，他用自己多年的实践经验和AI技术对HR行业发展趋势进行预判，告诉HR招聘经理和从业者，面对未来如何转型，如何突破，如何适应新的形势，如何利用新的科技手段，如何成为企业管理者真正的战略合作伙伴，从配角走到舞台中央。

《智能招聘》不仅体现出了作者在人力资源专业层面的理论深度，同时又像在书写AI技术在人力资源领域应用的科普专著，娓娓道来，深入浅出，作者从哲学、数学、逻辑学、语言学

孙兆刚序

的角度提出人力资源的命题，引出基于AI的人力资源，然后从智能招聘、智能互动、智能处理及分析、智能匹配、智能测评、大数据背景调查等方面展开论述、示例，并对AI-HR的未来进行了展望，书中讲述的案例和实际工作一脉相承，分析和解说非常到位，让人直呼过瘾的同时又获得了新知，是一本人力资源与人工智能完美结合的佳作。

譬如当读到"在企业经营管理领域，证明哪个方案最优，比证明哪个命题的真伪更有现实意义"时，有种豁然开朗的感觉，在日常的经营管理实践中，不要轻易否定企业现有的东西，找到比现有的更优方案，才是广大经营管理者更该做的事情。

再譬如读到"以人为本真正的现实含义是：发现人与人之间的差异，并为人的差异性提供不同的解决方案"时，感觉作者要解剖"以人为本"。

《智能招聘》一书，直指现代人力资源管理中"以人为本"的理念，利用AI技术赋能企业、赋能管理、赋能人才引进工作，引导HR们破除思维误区，迎接挑战，展望未来发展，为你在变局中点亮一盏明灯。

昝红英 序

郑州大学信息工程学院计算机科学与技术系教授
北京大学计算机软件与理论博士
中国人工智能学会理事

千里马常有，而伯乐不常有。每年春夏，高校会有大量的应届毕业生各处投送简历，急于找寻心仪的工作岗位，而且，拥有一定工作经验并需要换职换岗的人员，也在不断地通过社招等渠道投送工作申请，以寻求新的机会。同时我们也看到，很多用人单位由于业务的拓展或调整，常常需要在海量的应聘资料中选择符合岗位需求的应聘人员。然而，在合理的时间范围内搜寻与岗位要求匹配的求职者无异于大海捞针，工作辛苦，事务繁杂，常常会出现人力资源部被大量应聘及招聘资料中文本内容的搜索和匹配工作压得喘不过气来，处理效率跟不上单位招聘的需求，偶尔也还会出现漏选或错选等情况。

人岗匹配是指人员和岗位的对应关系。每一个工作岗位都对任职者的素质有各方面的要求。只有当任职者具备多于这些要求的素质并达到规定的水平，才能最好地胜任这项工作，获得最大

昝红英序

绩效。胡俊生博士的这本《智能招聘》正是针对人岗匹配等问题而展开的深入讨论，不仅含有人力资源（HR）有关的理论和现状的描述，更引入了人工智能（AI）的发展及其在人岗匹配方面的应用探讨。本书提出了人力资源招聘的一些跨界问题，并给出了智能招聘可行的解决方案，理论综述清晰全面，技术实践翔实可靠。

招聘工作一般是按照简历匹配、职业测评、专业考试及面试、背景调查等次序逐步展开的，其中招聘简历处理一直以来都是行业难题。由于求职者提交的简历格式及简历模板的不同，加之数量繁多，常常影响着人力资源招聘的工作效率。传统的人工阅读和处理简历不但耗时耗力，效率低下，加之招聘人员偶尔的疏忽或偏见，最终造成招聘成本偏高，甚至有失公平公正。引入人工智能的自然语言处理技术（NLP），将有望大幅度压缩简历审查周期，为企业高效高质地构建结构化人才资源库，并可能向求职者提供公开透明和即时的反馈；通过人岗智能匹配算法，为快速化的精准匹配提供标准的人才大数据。AI-HR是利用人工智能技术实现人力资源业务自动化运行的过程。采用背景调查智能助手与求职者进行初步互动，进而利用智能招聘互动助手、智能反馈助手，为用人单位招聘合适人员提供技术支持，节约了人工成本，体现了自动匹配和大数据处理等智能招聘相关技术的优势

AI+HR
智能招聘：人工智能浪潮下的招聘大变局

所在。

人工智能经过六十多年的发展至今，积累了丰富的理论和技术基础，特别是近几年的飞速发展，人工智能领域不断出现效果惊人的落地技术。比如自动驾驶、人脸识别、医学影像、阅读理解等技术应用，已经在一定程度上超越了人类本身。智能招聘就是将人工智能中阅读理解、自动问答、信息检索、信息抽取等自然语言处理技术应用于人岗匹配领域，使得企业发布的岗位招聘信息与海量的应聘简历在一定程度上实现自动高效的匹配，提高人力资源招聘的工作效率，保障招聘过程的客观公平。

2020年春季席卷全球的新冠肺炎疫情，不仅打乱了人们日常的生活节奏，也严重影响了人们工作和学习的方式。高校纷纷开启了远程教学模式，毕业生的求职及企业的宣讲也都改成了远程模式，招聘者和应聘者面对面的交流机会更少了。2020年的大学毕业季马上来临，相信胡俊生博士的这本《智能招聘》将为人岗匹配这一社会问题引入高效公平的工作理念，为人力资源供求双方交流的痛点提供可行的方法依据和可靠的技术支持，求得企业选用人才和高校培养人才的双赢局面。

王建宝 序

长江商学院人文与商业伦理研究中心主任
北京大学哲学博士

俊生兄是我十余年前的老同事，当时我在企业担任CEO，他任职CHO。俊生兄坚守人力资源工作十几年、坚持计算机软件开发数十载，是常人难以想象的工作狂人，也因其通宵达旦的熬夜，搞坏了身子，最终不得已还曾在医院做了手术。在2020年早春二月的特殊时期，欣闻其大作《智能招聘》即将付梓，俊生兄嘱予做序，盛情难却，兹赘述如下。

人类从农耕文明进入工业文明以后，人力资源招聘成为一门专家之学。在古典社会，以曾国藩的《冰鉴》为代表的识人之学适用范围并不广泛，而且需要招聘者自身的犀利洞见。在工业社会，大规模工业生产的组织方式和资本逐利的本性，让招聘成为一种专家之学和日用之科。职业和雇主对一个人梦想的实现和生活的幸福所发挥的作用，怎么强调都不为过。因为人是天地万物之灵，当下的、具体的、活生生的人，是明觉灵动的，儒家说

AI+HR
智能招聘：人工智能浪潮下的招聘大变局

能近取譬，佛家说当下刹那，任何僵化的理论和教条都会将人桎梏。智能招聘亦如是。

根据我有限的理解，早期的招聘更多是一种"点对点的运动"，彼此的选择都不会很多。现在的招聘过程更多的是一种混乱的"布朗运动"，资讯不仅是多了，而且泛滥成灾了，带来的后果是招聘者和应聘者均更加无法判断自己的选择是否正确。为此，AI+HR的智能招聘模式应运而生。俊生的这本书也是这个领域的开山之作吧。

我最早的一份工作是1992年从西安交大毕业的时候通过校园招聘、双向选择找到的。当时的大学毕业生都很骄傲，一个人有至少十个单位来抢。所以对拜访校园招聘的各个摊位都不是很积极，更不会准备任何简历，而仅仅是填写学校里面统一发放的《毕业生就业登记表》。还清楚地记得我当时与室友张惠良一起从图书馆回宿舍的路上，他建议我去食堂里面的招聘现场看一下机会。他自己是没有机会了，因为作为西安本地生源，他已经被分配到了西安附近的大型三线工厂——红旗机器厂。我们在招聘现场转悠的时候，惠良突然跟我说，你看那位摆摊的人穿的呢子大衣很不错，可见这个厂的效益不错。这人就是常州牵引电机厂的总工程师马元企。惠良这一句话，让我到了常州牵引电机厂，

王建宝序

实习转正，娶妻生子，提干出国，直到2001年，由于内人怀上了二胎，只好从工作了近十年的这家国企辞职，加入了"超生游击队"，通过51job投了几份简历，很幸运地被独资的西门子真空泵压缩机有限公司聘任为采购经理。

以上的回忆是我最早有关人力资源和企业招聘的切身体验。在当时的招聘过程中，招聘者和应聘者双方往往靠一些意想不到的细节来做决策，比如一件衣服或者一个眼神，个人的气场对于招聘是否成功起到很大的作用。待拜读了俊生兄弟《智能招聘》一书，让我的经历有了佐证。根据本书第一章《人力资源真假命题》的内容，我们知道了"工作的目的不是为了工资"，因为报酬只占"为什么要工作"之30%左右的权重。

相较于传统的招聘方式，智能招聘既能够节约招聘者海底捞针式的工作时间，更能够为应聘者及时匹配到其相对最合适的工作。比如本书提到的简历筛选环节，Pymetrics公司首席执行官弗里达·波利（Frida Polli）曾说：谷歌公司曾经做过一份非常著名的研究，证明简历和工作表现之间关系的相关性微乎其微。智能招聘或许能把刻舟求剑的简历筛选工作优化为"人各有梦"的伯乐相马的工作。智能招聘使得人力资源经理自己也成为曾国藩，识人有道，人尽其才。真可谓一花一世界，人人各有梦。

智能招聘：人工智能浪潮下的招聘大变局

从手工的"人事档案"管理到信息化的e-HR再到智能化的**AI+HR**，我看到了人性的发扬和光大。我们这一代大学生还是"单位人"，"单位"提供了一定的保障但是也束缚了个人的自由。市场经济得到充分发展以后，劳动力的自由流动已经不成问题，但是带来了人内心的不确定性和不安全感，甚至是迷茫和空虚，有的则表现为人被物质所异化扭曲，而陷入更深的另外一种束缚。如果智能招聘模式能够借本书的付梓而更好地得到推广使用的话，那么"人各有梦"的应聘者就会被"智能地"识别出来，配置到更适合的工作岗位，最终使得每一个人都能在其岗位上绽放出自己最美的一面，"各美其美"！

是为序。

前　言

为什么写这本书

写这本书的动机应该算是个人兴趣，而这个兴趣可能来自我多年的人力资源从业经验，加上近20年的计算机软件开发经验，所以，这个兴趣也可以算作是"职业习惯"吧。

2016年3月，美国谷歌公司的阿尔法围棋软件（AlphaGo）战胜了世界围棋冠军李世石，激起人们对人工智能的极大兴趣，全球范围内掀起人工智能浪潮。本人也是这个时候正式进入了人工智能领域。这期间，随着对人工智能技术的日益积累，我尝试着开发出了简历智能筛选、个性智能测评等AI程序，深信人工智能与人力资源相结合一定会"催生"出令人激动的事情来。

如今，人工智能已遍地开花，几乎所有行业领域都有了它的影子。2018年，上海世界人工智能大会发布《2018世界人工智能产业发展蓝皮书》，首次将"AI+人力资源"（AI+HR）列为

AI+HR
智能招聘：人工智能浪潮下的招聘大变局

"十二大应用产业领域"之一，人工智能产业蓄势待发。但是，与智能驾驶、智能医疗、智慧城市等动辄上百亿美元的投资额相比，人力资源项目的投资多数属于百万美元级别，相比反差巨大。这多少会让人对AI+HR感到疑惑。

源于职业习惯的关注，我在书店偶尔也能碰到一两本关于人力资源与人工智能结合的书籍，但说实在的，这些书要么缺少人力资源的专业度，要么对AI技术领域了解不够，满篇充斥着"预言"般的猜想，读之无味。自那时起，我便萌生了写一本书的想法——这本书既要有一定人力资源理论深度，又要有相当人工智能技术水准。初心也很简单：首先做到不误导读者，其次尽量让读者有一点点收获知识的感受。此时，兴趣升级成了一种责任。

这本书是要着重体现人力资源的系统观点，还是体现人工智能的优势？是系统介绍智能招聘领域的理论性书籍，还是基于智能招聘的工程类书籍？我想，读者一定会选择看二者结合的书籍，因为人力资源理论书籍、人工智能技术书籍已经可以用"多如牛毛"来形容了。我再次陷入矛盾中，因为实在难以把握，况且我也没有出书的经验。最终放弃。

在好友的鼓动下，2019春天我又鼓足勇气，决定按照"企业人力资源重构"这个思路来写一本书，底气就是我已经储备了招

PREFACE
前　言

聘、培训、绩效、薪酬、职业测评、制度智能化等人力资源业务中的人工智能程序源代码。特别是后来有幸认识了企业管理出版社的尚元经老师、李坚老师，在写书方面二位向我提供了非常宝贵的建议以及必要的帮助。

基于对读者负责的考虑，本着内容讲清楚、技术说明白、应用讲具体的原则，将书名确定为《智能招聘》，虽然主要围绕"AI+招聘"展开，但会涉及智能测评方面的内容，也算是对人力资源行业抛出的一枚问路石吧。基于这样的调整，写作量将大大减少，也相应地降低了写作难度和我内心的负担。

在这本书的创作过程中，80%的精力耗费在了人工智能技术（AI）的实现上，比如实现简历智能匹配功能时，耗费了三个多月的时间，因为网上没有示例、书上没有先例，常常因为一个函数就会让我熬一个通宵，不停地尝试成千上万次的测试。剩下约20%的精力放在了人力资源现有理论的梳理上，这一点相对轻松些。

虽说不容易，但本书总算在多次"流产"的道路上写出来了。2019年是一生中内心极度低落的一年，特别是最后一个季度，母亲处于病危之中，但她仍然希望我把书写出来，这期间内心煎熬可想而知。就在本书完稿后的第二天，母亲离我们家人而去。母亲生前曾多次向我说起过：在我出生后的第100天，让我

AI+HR
智能招聘：人工智能浪潮下的招聘大变局

随手摸碰一颗苹果、一本书和一杆秤，由于我当天首先拿了那本书，母亲就用古人的发明推断我一生将与书有缘。虽然我从未相信过那个预测，但母亲去世前的一天书稿完成，这也算是对母亲往生的一个告慰吧。

本书有什么特色

- 为了使读者有选择地阅读，每一章内容相对独立成章，每一章均可分开阅读。例如人力资源较为专业的人士，可以越过第一、第二等章节，直接选读简历匹配等。

- 为了让没有AI基础的读者理解和学习，尽量采用平实的语言风格写作，虽说缺少高深的专业术语，但相信对读者的理解将大有帮助。

- 为了增强实用性，杜绝空谈，从简历投递到录用等中间环节，均有AI技术实现的示例展示，有兴趣的读者即使没有AI基础，但稍加学习就会逐步掌握，甚至自己做AI应用。

- 选择以管理书籍的角度，而不是以工程书籍的角度写作，目的还是希望更多的人力资源从业者、经理人，以及相关科研教学人士能够立即领悟、上手。

PREFACE
前　言

- 提供后期的咨询服务及技术支持工作，若读者在阅读过程中需要交流的，可直接联系作者。

本书的主要内容

第一章　人力资源真假命题

现实中的人力资源开发与管理有很多争议，甚至存有质疑。这里提出，在企业经营管理领域，证明哪个方案最优，比证明哪个命题的真伪更有现实意义。没有对错，只有优劣。

第二章　基于AI的人力资源

介绍了人工智能基础知识，以及基于AI的全球最佳人力资源实践。对人力资源信息化的各个阶段也做了分析和总结，特别强调了e-HR与AI-HR的本质区别。

第三章　智能招聘基础

介绍了智能招聘之前应当准备的一些工作，组织架构、岗位设计、薪酬设计及调查等方面的工作安排，目的是如期推进智能化招聘工作。

第四章　智能互动

智能招聘的前提是获取简历，将简历下载到本地进行处理，所以强调求职者的简历投递到人力资源部的招聘信箱。此外展示了智能互动助手的配置。

第五章　智能处理及分析

将求职者投递的各种文档格式（如docx、pdf、html、txt等）、各种模板（如智联招聘、前程无忧）下的简历进行自动化处理，并转换为统一格式、统一模板的简历，最后按照既定数据格式（如SQL）进行存储，便于后续的查询、搜索等操作。

第六章　智能匹配

利用人工智能的NLP技术对求职者简历进行职位匹配，介绍了基于余弦值的智能匹配和word2vec语义相似度的智能匹配。强调了智能反馈的重要性及其现实意义。

第七章　智能测评

介绍了目前主流的人格（或职业兴趣）测试理论和方法，以及基于AI的霍兰德职业测试、IBMWatson^{TM} Personality Insights大五类测评平台、爱去智能基于视频的人格测评。

第八章　大数据背景调查

介绍了背景调查的API方式，展示了阿里云API市场的身份认证过程。

第九章　AI-HR的未来展望

讲述了新时代人才标签的变迁，超级智能招聘平台的蓝图规划、基于AI的人力资源部业务模式，并点评了人力资源三支柱的优缺点。

PREFACE
前　言

适合阅读本书的读者

- 人力资源从业者，特别是承担招聘任务的人士
- 人力资源科研及教学人士
- 工商管理系的大学生、研究生
- 企业经营管理层、各级经理
- 从事AI+HR系统研发人士

阅读本书的建议

- 每个章节都相对独立，读者可以按照自己的兴趣选择阅读
- 涉及具体案例的实现，可以通过email或微信与作者联系，以获得支持

读者服务

- 扫描读者微信号或公众号，可以体验部分案例演示
- 提交勘误：您对本书的不足或修改意见请提交至email
- 交流互动：读者在阅读过程中将获得帮助和支持，提供交流渠道：邮箱：junser@qq.com，微信号：QQ2977716212

目 录

第1章　人力资源真假命题 ····· 001
1.1　数学中的命题 ····· 003
1.2　经营管理中的命题 ····· 007
1.3　人力资源中的命题 ····· 013
1.4　现代人力资源核心思想 ····· 017
1.5　企业人力资源的核心业务 ····· 024
1.6　人们为什么要工作 ····· 028

第2章　基于AI的人力资源 ····· 033
2.1　人工智能基础 ····· 035
2.2　人类已经进入AI时代 ····· 049
2.3　AI-HR时代的迅速崛起 ····· 061
2.4　e-HR与AI-HR的区别 ····· 073
2.5　传统招聘模式的缺陷 ····· 080

2.6 智能招聘的优势和现实意义 ⋯⋯⋯⋯⋯⋯⋯⋯ 083

第3章 智能招聘基础 ⋯⋯⋯⋯⋯⋯⋯⋯⋯⋯⋯⋯⋯ 089
 3.1 组织架构设计 ⋯⋯⋯⋯⋯⋯⋯⋯⋯⋯⋯⋯⋯ 091
 3.2 岗位架构设计 ⋯⋯⋯⋯⋯⋯⋯⋯⋯⋯⋯⋯⋯ 102
 3.3 绩效薪酬架构设计 ⋯⋯⋯⋯⋯⋯⋯⋯⋯⋯⋯ 107
 3.4 薪酬调查 ⋯⋯⋯⋯⋯⋯⋯⋯⋯⋯⋯⋯⋯⋯⋯ 111
 3.5 招聘组织 ⋯⋯⋯⋯⋯⋯⋯⋯⋯⋯⋯⋯⋯⋯⋯ 115

第4章 智能互动 ⋯⋯⋯⋯⋯⋯⋯⋯⋯⋯⋯⋯⋯⋯⋯ 119
 4.1 信息发布 ⋯⋯⋯⋯⋯⋯⋯⋯⋯⋯⋯⋯⋯⋯⋯ 121
 4.2 智能互动助手 ⋯⋯⋯⋯⋯⋯⋯⋯⋯⋯⋯⋯⋯ 131

第5章 智能处理及分析 ⋯⋯⋯⋯⋯⋯⋯⋯⋯⋯⋯⋯ 151
 5.1 简历接收 ⋯⋯⋯⋯⋯⋯⋯⋯⋯⋯⋯⋯⋯⋯⋯ 154
 5.2 简历智能处理 ⋯⋯⋯⋯⋯⋯⋯⋯⋯⋯⋯⋯⋯ 156
 5.3 自然语言处理 ⋯⋯⋯⋯⋯⋯⋯⋯⋯⋯⋯⋯⋯ 167
 5.4 智能反馈 ⋯⋯⋯⋯⋯⋯⋯⋯⋯⋯⋯⋯⋯⋯⋯ 174

第6章 智能匹配 ⋯⋯⋯⋯⋯⋯⋯⋯⋯⋯⋯⋯⋯⋯⋯ 189
 6.1 传统查询 ⋯⋯⋯⋯⋯⋯⋯⋯⋯⋯⋯⋯⋯⋯⋯ 191
 6.2 智能查询 ⋯⋯⋯⋯⋯⋯⋯⋯⋯⋯⋯⋯⋯⋯⋯ 197

CONTENTS
目　录

  6.3　智能匹配 …………………………………………… 207

  6.4　智能反馈 …………………………………………… 215

第7章　智能测评 ……………………………………… 219

  7.1　如何定义面试 ………………………………………… 221

  7.2　神秘的职业预测 ……………………………………… 227

  7.3　现代职业测评方法 …………………………………… 235

  7.4　基于AI的职业测评 …………………………………… 246

第8章　大数据背景调查 ……………………………… 263

  8.1　背景调查助手 ………………………………………… 265

  8.2　新员工录用 …………………………………………… 271

第9章　AI-HR的未来展望 …………………………… 277

  9.1　新思想新技术新动力 ………………………………… 279

  9.2　超级招聘平台即将登场 ……………………………… 284

  9.3　人力资源部将被重新架构 …………………………… 287

第 1 章
人力资源真假命题

1.1　数学中的命题

1.2　经营管理中的命题

1.3　人力资源中的命题

1.4　现代人力资源核心思想

1.5　企业人力资源的核心业务

1.6　人们为什么要工作

第1章
人力资源真假命题

在企业经营管理领域,证明哪个方案最优,比证明哪个命题的真伪更有现实意义。

一直以来,人们对于人力资源开发和管理有着不同的认知或理解,事实上,同一行业、相同行业的不同企业,甚至同一企业的不同生命周期里,管理的模式确实存有较大的差异性。人们似乎更愿意用"穿鞋子"来解释它:不同性别、不同年龄段、腿脚大小等都决定着鞋子的型号或款式是否适合自己。

1.1 数学中的命题

关于数学命题

数学命题是指数学中有关真、假的判断。例如下面两个语句都是命题,但第一个语句是真命题,第二个语句是假命题。

命题1: $3+7=10$ (真)

命题2: $1+1>2$ (假)

这两个命题似乎我们不需要思考就能看出哪个是真,哪个是假。如此看来，命题的真假似乎算不上高深的理论。但判断命题的真假还真不是那么容易，有时会让人感觉到"比登天还要难"。当然，类似"我明天去北京参加招聘会""两个员工准备明天离职"等都不是命题，无须证明它的真伪性。

欧拉猜想（Euler conjecture）

瑞士数学家、自然科学家欧拉（Leonhard Euler，1707年4月15日~1783年9月18日）于1769年提出：若a、b、c、d都是正整数，则

$a^4 + b^4 + c^4 = d^4$ 不成立。

时隔218年后，这个命题在1987年被美国数学家诺姆·埃尔奇斯（Noam Elkies）证伪，他在散步时找到了a、b、c、d这四个正整数，即a = 95800，b = 217519，c = 414560，d = 422481，终于推翻了这个猜想。诺姆·埃尔奇斯证明了：

$95800^4 + 217519^4 + 414560^4 = 422481^4$ 成立

实际上，这个猜想在1966年被L. J. Lander和T. R. Parkin二人找出了n= 5的反例：

$27^5 + 84^5 + 110^5 + 133^5 = 144^5$，是最接近欧拉猜想的反例答案。截至目前，人们还没有找到 n >5的反例证明，但数学家诺姆·埃尔奇斯的证明，算是彻底推翻了欧拉猜想。

第1章
人力资源真假命题

值得一提的是，此前200多年里人们采用抽样法来证明欧拉猜想均以失败而告终，因为a为最小数时也是个5位数字，需要海量计算来证明，而命题为真的概率极其庞大、命题为假的概率极其微小，所以说抽样法在数学里仅作佐证，不能作为证明。

哥德巴赫猜想

俄罗斯数学家哥德巴赫（Goldbach，1690年3月18日～1764年11月20日）1742年提出了以下猜想：

任一大于2的整数都可写成三个质数之和。

哥德巴赫自己却无法证明它，于是就请教赫赫有名的大数学家欧拉帮忙证明，但是一直到死，欧拉也无法证明它。截至277年后的今天，人类仍然没有证明它，虽然全人类的数学家都曾试图从中找到答案。中国数学家华罗庚及其团队研究成果最接近哥德巴赫猜想：1956年数学家王元证明了"2＋3"成立，1966年数学家陈景润证明了"1＋2"成立，但都不是最彻底的证明。

哥德巴赫猜想给人们的提示：越是极简的问题，在现有的条件下越可能找不到答案。

公理化方法

古希腊数学家欧几里得（Euclid 约公元前330年～公元前275

年）提出了数学领域构建真理的过程：五大公理（公设）。从直觉经验来看，这些假设无懈可击，这种不证自明的命题被称为"公理"。

公理1：任意一点到另外任意一点可以画直线。

公理2：一条有限线段可以继续延长。

公理3：以任意点为心及任意的距离可以画圆。

公理4：凡直角都彼此相等。

公理5：同平面内一条直线和另外两条直线相交，若在某一侧的两个内角和小于二直角的和，则这二直线经无限延长后在这一侧相交。

从这些公理出发，欧几里得证明了许多真命题。重要的真命题，被统称为"定理"，如"两直线平行，同位角相等"，等等。

人们从"欧几里得五大公理"中获得了许多有益的帮助，有效规避了无限循环式的"无效证明"，赋予公理＝真理，且无须证明，天生就是真命题，例如：

公理1：0是自然数。

公理2：1+1=2。

第 1 章
人力资源真假命题

1.2　经营管理中的命题

帕累托标准

1897年，意大利著名经济学家帕累托（Vilfredo Pareto）在研究资源配置时，提出：

如果至少有一人认为方案A优于方案B，而没有人认为A劣于B，则认为从社会的观点看亦有A优于B。

这就是著名的帕累托最优状态标准，简称"帕累托标准"。帕累托提出的标准，与欧几里得为数学领域构建的真理标准具有异曲同工之效，将"帕累托标准"设定为公理后，由此可以推导出诸多经济管理领域里非常有价值的真理（真命题）。

例如：如果既定的资源配置状态的改变使得至少有一个人的状态变好，而没有使任何人的状态变坏，这种状态称为**帕累托改进**。

帕累托改进是经济学里的一个概念，即在一种社会制度的改变中没有输家，而至少有一部分人能赢。如果一种改进剥夺了一部分人的既得利益，不管是否能带来更大的整体利益或者是否有助于实现崇高的目标，都不是帕累托改进。同样，帕累托改进被人们有意或无意地运用在了企业管理中。

帕累托法则

1896年，帕累托出版了《政治经济学课程》，其中描述了他所观察到的一些现象，比如意大利80%的土地掌握在20%的人手中，花园里20%的豌豆荚产出了80%的豌豆，等等。后来，人们在生活及商业等诸多领域里发现也普遍存在类似规律，后人将此现象称作"帕累托法则"，俗称为"20/80定律"、关键少数法则、不平衡原则等。

表1-1　　　　帕累托法则在某些领域应用

领域	法则描述
产品方面	公司80%的业绩，来源于20%的产品品类所贡献，而80%的产品品类只占有20%的公司业绩
客户方面	公司80%的业绩，来源于20%的客户所贡献，同样，80%的客户只产生了20%的业绩
销售人员方面	公司80%的业绩，来源于20%的业务人员，而80%的业务人员却只有20%的公司业绩
财富方面	80%的社会财富掌控在20%的人手里，同样，80%的人仅拥有20%的社会财富
技术方面	20%的技术人员解决了80%的技术问题，而80%的技术人员却只解决了20%的技术问题，技术难度的攻关亦然
公司市值	20%数量的上市公司拥有80%的所在市场市值，而80%数量的上市公司仅占有20%的所在市场市值
公司利润	20%数量的上市公司拥有80%的所在市场年报利润，而80%数量的上市公司却只拥有20%左右的所在市场年报利润

第 1 章
人力资源真假命题

笔者曾对以往所任职企业的销售数据做过详细的跟踪分析，不管是零售门店的销售、地产售楼部的销售，还是动辄上千万的机器设备销售，都毫无例外地存在20/80现象，即80%左右的业绩确实是20%左右数量的销售人员所贡献，而占有绝对数量优势的80%业务人员，也毫无例外地占有20%左右的公司业绩！

根据旭日大数据发布的2019年2月份国产手机品牌出货量数据分析，华为、传音、小米、OPPO和vivo分别蝉联前1~5名，合计出货4607万台，占总出货量5627万台的81.9%，而其余的20家手机厂商出货量占总出货量的18.1%，符合帕累托法则。详见下图所示。

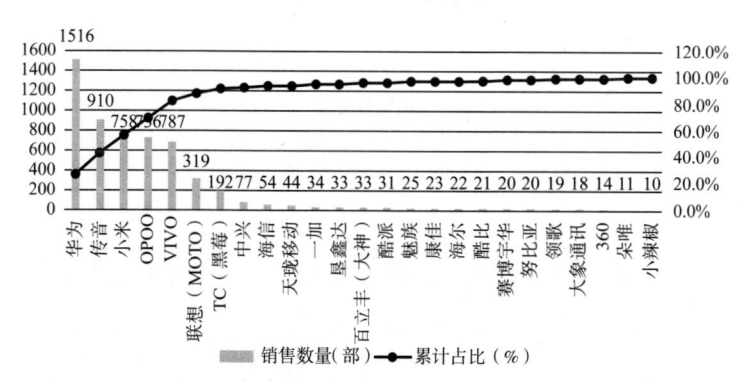

图1-1 2019年2月国产手机出货TOP25帕累托图（单位：万台）

我们对中国A股市场上市企业做过有关市值方面的统计，也证实了"帕累托法则"现象的存在：3765家上市企业的总市值为65.96万亿，其中80%的市值由911家企业（占24%）所贡献、

20%的市值则由2854家企业（占76%）所拥有。

表1-2　A股市场企业数量与市值的帕累托法则

市场	企业数量	市值（万亿）	市值占比	企业数占比
A股市场	3765	65.96	100%	100%
大市值	911	52.76	80%	24%
小市值	2854	13.19	20%	76%

正是因为帕累托法则普遍存在于经济社会里，利用它来解决人力资源管理中的一些实际问题有着非常重要的现实意义。

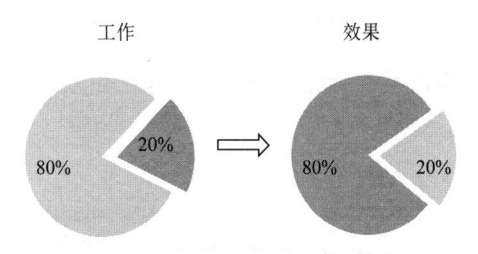

图1-2　帕累托法则示意图

技术决定管理模式

第一次工业革命后，被称为机器时代。发生在18世纪60年代至19世纪中期，人类开始进入蒸汽机时代，是从工场手工业向机器大工业过渡的阶段，是大规模工厂化生产取代个体工场手工生产的一场生产与科技革命，社会生产力水平得到空前的提升。

第二次工业革命后，被称为电气时代。发生在19世纪下半叶

第1章
人力资源真假命题

至20世纪初，人类开始进入电气时代，电力、电灯及无线电通讯等技术逐步得到普及，社会生产力水平得到更大的提升，再一次推进了人类社会的文明进程。

第三次工业革命后，被称为信息时代。发生在20世纪初，人类开始迈进信息时代，由信息技术渗透的材料技术、生物技术、空间技术和海洋技术等诸多领域得到空前的进步，社会生产能力空前提升，技术应用不断刷新商业模式，以及企业服务和管理模式。

如今，信息技术在企业管理中的应用越来越普及，也越加深入，让人们深刻地体会到信息技术对企业经营管理模式的影响。

1996年，笔者从学校走向社会，开始了第一份工作。当时写工作报告、传达信息等一律是手工，因为那时候电脑还没有普及。

1998年，笔者花了2万多元买了人生第一台电脑。当时没有宽带，只能通过电话线拨号上网，上网收费标准与通电话一样都很贵。虽然有了电脑、互联网，但仍无法实现网上办公。Email成为商务人士传递信息的最流行工具。

2002年，笔者开始为企业开发基于web（网页）的人力资源信息系统，虽然只是简单的员工信息档案、工资造发、绩效考评、申请审批等功能，但在当时却是网络办公的榜样。

AI+HR
智能招聘：人工智能浪潮下的招聘大变局

2004年，在笔者的推动下，所在公司实施了SAP-ERP项目，进销存、财务、人力资源等业务全部运行在系统里，可以说企业的运营全部实现了信息化。

与传统经营管理手段相较而言，信息技术的全面应用体现出如下优点：

①工作效率大幅提升。仅远程审批一项，即可压缩流程周期的50%以上，并终结了领导外出无法执行流程的现象，anywhere（任何地点）成为时尚。

②成本大幅消减。仅财务部门的工作人员数量一项，减员50%以上，仓储式成本得到有效遏制，办公费用也随之锐减。

③更大程度授权。业务导向的企业架构（Enterprise Architecture）迫使管理层将手中的权利与义务一一对等，授权、分权得以最大程度地释放，消除了权利带来的多种束缚。

④实现数据决策。生产、市场及财务数据，提供了清晰、准确的决策依据，数据下的决策成为标准，终结了文山会海式的会议决策或直觉决策。

科学技术水平决定企业的管理模式（或水平）是普遍存在的规律，也是经济社会和企业经营管理领域的公理、真命题，这一点毫无问题。但问题的关键是，管理者能否时刻保持与时俱进的心态，利用先进技术来推动组织的经营管理与进步。

1.3 人力资源中的命题

"人力资源工作不重要"

我们知道,决定企业成功与否的因素是人力资源、技术产品、市场营销、财务资金等诸多方面,而企业管理当局面对的诸多问题,人力资源、市场营销,相对问题比较突出,在人力资源从业者中不乏"人力资源工作是行政工作""人力资源工作没有价值、不重要"等论调。笔者不认同这些言论,分析如下。

①人力资源工作。人在当今的企业环境里仍然是重中之重,几乎所有的技术、产品,甚至市场销售都是由人完成的,所以人是企业的核心资源。企业的经营好坏,与人的能动性发挥、价值实现密切相关,可谓是"成也萧何、败也萧何"。再者,个性化时代已经到来,传统的军事化管理模式终将退出企业管理舞台,针对不同人格、年龄段的员工分类管理,是今后人力资源管理的重要内容。

②市场营销工作。在企业环境系统理论中,市场通常被视为企业的外部环境因素,相较企业内部环境而言,外部环境的复杂程度更高。企业外部的营销环境,通常被认为是立体、多变的市场。身处多变的外部市场环境,对于企业营销团队而言是无法

做到控制市场的，唯一的选择是适应市场。但企业因经营需要，又不能一味地被动适应。特别是，企业要面对不断创新的商业模式、"见异思迁"的客户、日益被同行蚕食的"地盘"。

③技术产品工作。虽然说技术研发工作需要专业技术人才，但与人力资源、市场营销工作相较而言，它是人（员工）面对物（技术、物体）的一个过程，相对人力资源、市场营销工作人面对人的复杂程度要单一或稳定，比较容易统筹与管理。虽然对于一个生产型企业来讲技术产品工作是极其重要的，但相对于以上两类工作而言，其难度性质完全不同。

④财务资金工作。财务、资金管理工作，原则上是范式（如财报、应收账款等）类型，特别是财务工作，几乎通过内部的财务管理制度就能管理好。可能你也会发现，你所在的企业财务制度多年不变，而且简单。但我绝不是说财务工作不重要，而是想表达："不需要高深的理论或技术"就能很好地完成这类工作。

我们尝试从工作对象是人还是物（技术、法律等）、工作环境是内部环境还是外部环境、管理控制难度三个维度来分析比较，并给予一定权重来进一步说明：

①工作对象：人为2，技术、制度或物品为1；

②工作环境：外部环境为2，内部环境为1；

③工作控性：不可控为2，可控为1。

第1章
人力资源真假命题

根据以上对工作性质的描述及权重赋值,我们可得出表1-3。

表1-3　　　　　　　　工作难度系数比较表

工作性质	工作对象	对象/环境/可控性	难度系数
市场营销	客户(用户或代理商) 消费者	人,外部,不可控(2,2,2) 人,外部,不可控(2,2,2)	6
人力资源	员工管理 员工招募	人,内部,可控(2,1,1) 人,外部,不可控(2,2,2)	5
产品技术	技术研发 产品生产	技术,内部,可控(1,1,1) 人,内部,可控(2,1,1)	3.5
财务资金	融资 财会制度	人,外部,不可控(2,2,2) 制度,内部,可控(1,1,1)	4.5
行政后勤	办公秩序 后勤保障	制度,内部,可控(1,1,1) 制度,内部,可控(1,1,1)	3

根据表1-3,我们得出最难以做好的工作是市场营销、其次是人力资源,而相对最容易完成的工作是行政后勤。事实上,每个企业的业务侧重点不一样,会体现出难度系数和重要程度不一致的地方。上表中,若财务工作中没有"融资"一项,那难度系数也是3,与行政后勤难度系数一致。所以,仅仅分析工作的重要性还不够,必须分析工作的难度系数,方能对不同的工作岗位进行科学合理地设置绩效办法、薪酬福利方案。

基于现有的科学技术水平、企业经营管理水准,以及人力资源工作对象是人、人们的职业价值观不断演化的实际情况来看,人力资源工作将长期成为企业经营管理活动的重点工作。所以,说人力资源（管理）不重要，是不成立的。

"工作的目的就是工资"

人为什么要工作？我想80%左右的人认为是金钱（工资）。实际上，企业对员工的评价尺度的确也是金钱，只不过用"价值"的名义进行了掩饰。下面通过一组就业数据来分析工作的目的到底是不是金钱。

设有A、B两组22岁左右的年轻人各10名，A组全部是大学本科毕业，B组全部是技工学校毕业。A组全部在二线城市自由择业，年内就业率达75%，B组全部被安排到城市郊区的一家生产工厂工作，年内就业率达98%；A组月薪在3500～5500元之间，平均月薪4200元左右，B组的月薪3800～5500元之间，平均月薪4300元左右；B组全部在一家工厂工作，工厂提供免费食宿，而A组每人可能有10～20元不等的午餐费用。一年后，A组的工资满意度为45%，B组的满意度为65%。

根据A、B两组的工资收益比较，我们可以得出结论：B组优于A组。但从两组的教育支出、边际成本（待业时间，A组多于B组4年）来看，A组要大于B组。综合计算，我们可以得出如下结论：A组投入大，得到的收益小；B组投入小，得到的收益大。据此，我们基本可以推翻人们"工作的目的就是为了工资"的假设。

第 1 章
人力资源真假命题

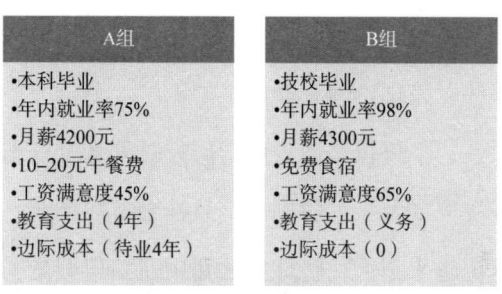

A组	B组
• 本科毕业	• 技校毕业
• 年内就业率75%	• 年内就业率98%
• 月薪4200元	• 月薪4300元
• 10-20元午餐费	• 免费食宿
• 工资满意度45%	• 工资满意度65%
• 教育支出（4年）	• 教育支出（义务）
• 边际成本（待业4年）	• 边际成本（0）

图1-3　工作待遇比较

人力资源业务中的真假命题很多，限于篇幅关系，这里不再列举。

1.4　现代人力资源核心思想

有关人力资源的思想类型，学术上比较难于统一。下面我们从回溯历史的角度来回顾一下人力资源的思想发展变化。

人事管理学说

最为典型的代表是美国管理学家泰勒（Frederick Winslow Taylor，弗雷德里克·温斯洛·泰勒，1856—1915），被后世称为"科学管理之父"。泰勒的代表作为《科学管理原理》，其核心思想是：挑选头等工人，以其工作动作、技能为基础形成标准化工作，然后辅以劳动定额或计件工资的薪酬支付方式。泰勒的以工作量（或任务）为核心思想的理论，横行整个19世纪，至今还能找到一些以该理论为管理依据的工厂。泰勒的科学管理思想有很大局限性，不仅仅是因为他的研究对象是工厂工人（市场、研发、财务等未涉及），特别是信息社会下的企业、知识或专业技能员工占比越来越大，将此方法套用在知识型员工身上，实在是一种无法让人信服的逻辑。更为重要的是他对人性假设的局限性，即：认为人仅仅是一种经济人。这无疑限制了泰勒的视野和高度。但泰勒被称为"科学管理之父"却仍然被人们广泛接受。

人力资源管理学说

首次对人力资源理论进行系统化阐述的人是美国现代人力资源学家戴维·尤里奇（Dave Ulrich，1953—），他被誉为人力资源管理的开创者。1997年1月尤里奇在《人力资源冠军》一书中首次提出了"人力资源"概念，并相继出版了《人力资源冠军》《人力资源价值命题》《人力资源管理的未来》《人力资源业务流程外包》《新人力资源资格》等十几本专著。他最初广为接受的思想是：人力资源在知识为基础的经济时代成为最有价值的资产，人才是最宝贵的资源。人力资源的核心是：将人视为企业的一种重要资源，能够创造更多有价值的资源，而不是成本。尤里奇由于在人力资源的系统理论上所做的贡献，被后人尊称为"人

第 1 章
人力资源真假命题

力资源学之父"。正因如此,全球500强企业纷纷将人事部招牌换成了"人力资源部"(Personnel Department→Human Resource Department),企业中"人"的因素逐渐被人们置于首要地位。

以人为本说

在众人面前,"以人为本"恐怕是最不陌生的词汇。

"以人为本"最早出自春秋战国时期的管仲(约公元前723年~公元前645年)《管子·霸言》:夫霸王之所始也,以人为本。大概的意思是:君王想要成就王业,一切应以黎民百姓为根本。管仲明确地提出了君王与百姓(人)的辩证关系,首次指出人是君王的根基。

《三国志·先主传》,先主曰:"夫济大事必以人为本,今人归吾,吾何忍弃去!"大概的意思是:刘备带领不愿意投降曹操的10万军民被曹军追杀,行动缓慢,诸葛亮对刘备说,丢下投靠我们的军民快速逃走,不然就来不及了,这时刘备对诸葛亮说:凡是干大事的人,都以人为本,现在他们来归顺我,我怎能忍心抛弃他们呢?可见,刘备的以人为本,就是将人视为打仗、取胜的资本。更接近现代人力资源意义上的"以人为本"。

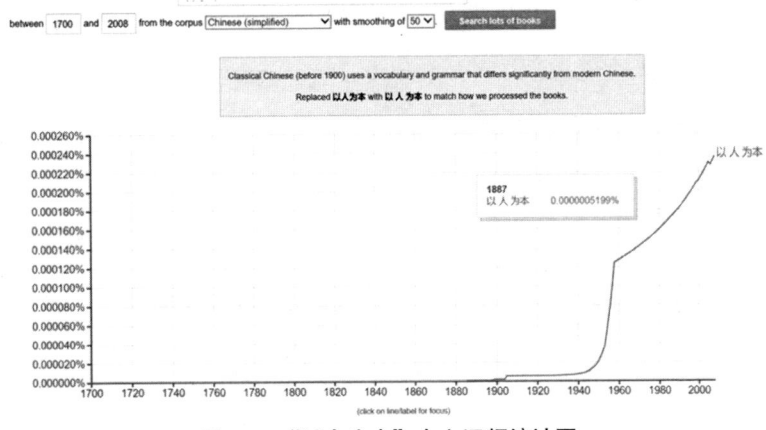

图1-4　"以人为本"中文词频统计图

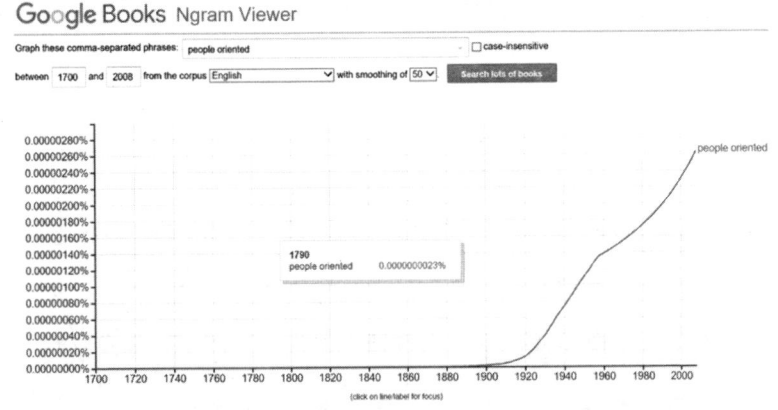

图1-5　"以人为本"英语词频统计图

英文词频最早发生在1790年，中文词频自1887年开始，二者相差一个世纪。至于中国先出现"以人为本"的理论体系，还是西方最早出现，我们不得而知。但有一点可以肯定，"以人为本"不是现代的理论，而是具有悠久历史的理论。

第1章
人力资源真假命题

以人为本，实质上是相对于人以外的"以物为本"或"以事为本"而提出的。上文中，诸葛亮向刘备提出"丢下民众以快速出逃"实质上就是以保存军事力量为本。在企业管理实践中，一些企业管理层会以损坏员工的利益甚至健康为代价来换取自己的利益，是"以财为本"。总之，以人为本的思想与现代人力资源理念不谋而合，具有异曲同工之妙：必须抉择时，以人的利益为首选。

以人为本二层次

笔者认为，在现代人力资源工作中，以人为本必须做到两个层面，即：

（1）第一层：认识到人与人之间的差异性

男女在职业兴趣或技能上有差异性，同班同学也有能力的不同，甚至最好和最差之间的差距还很大；即使双胞胎，在性格和职业倾向上也有或多或少的差异性，哪怕采用同样的培训技巧培养他们。

我们在第一章里曾经讨论过的"帕累托法则"恰好能够解释这些差异性。笔者曾在5家企业担任过人力资源负责人，发现一个惊人的现象：20%左右的销售人员，拥有企业80%业绩，并且企业里每年的销售冠军总拥有50%左右的销售业绩。纵然我们使用所有能够想到的方法来激励业绩平常者，希望他们也一样地优秀，结果都是徒劳的。在技术和产品研发领域笔者也发现，能够研发出市场热销产品的工程师们，往往总是那几个人。人与人之间的差异处很多，但人力资源工作者主要可以研究一下几个方面的差异，见图1-6所示。

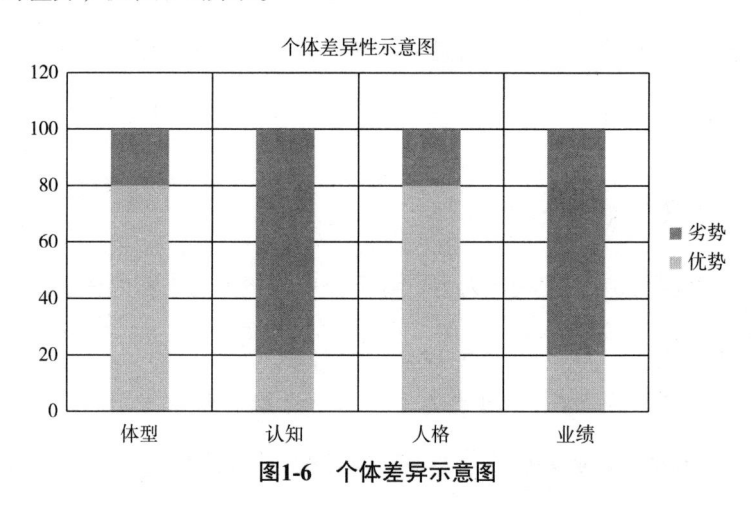

个体差异性示意图

类别	优势	劣势
体型	80	20
认知	20	80
人格	80	20
业绩	20	80

图1-6 个体差异示意图

实质上，个体本身也存在差异性。这种差异性首先体现在个体的生物属性上：若一个人的身材高大、有力，相对身材娇小的人而言，其灵活性就差，也就是说他的身材高大是因为牺牲了灵活性而取得的。其次，个体的差异体现在认知能力上：若一个人的空间抽象能力极强，其形象思维能力就偏弱。人们常讲"智商高、情商低"说的就是这个道理。用一句话来概括这个规律就是：有长必有短，无长就无短，也即：一个人的长处是靠牺牲他

第1章
人力资源真假命题

的另一面换来的。

我想，人与人之间存在差异应该没有多少人反对吧。

（2）第二层含义：支持人与人之间的差异性

所谓支持人与人之间的差异，就是因人而异制定管理体系。研发人员是脑力劳动者，在下班的路上、在晚间睡眠中大脑可能还在"工作"，可以授予研发人员弹性工作制，允许他们每周1~2天的自由调配时间；销售人员是人际关系处理者，不能一味地"拴"在公司，可以授予销售人员居家办公模式，允许他们每周有2~3天的居家工作时间；有人喜欢墨守成规、固守自己的"三分田地"，那就尽量不让他从事创新性强的工作；有些人善于创造性开展工作、自我制定越来越高的工作标准和要求，管理者就应尽量给予其挑战性强的工作；有人善于某项工作，而拙于之外的其他事务，就不要让其担当领导职务等，这些做法就是支持以人为本，是真正意义上的人力资源开发和运营。所以，为不同的人制定管理策略是当今人力资源界最为重要的课题之一。

古今中外，理论大家都在倡导"以人为本"，并以此作为国家或者企业治理的核心思想，自然而然也成为人力资源工作的核心思想。而以人为本真正的现实含义是：发现人与人之间的差异，并为人的差异性提供不同的解决方案。

1.5 企业人力资源的核心业务

人力资源业务模块

人力资源规划、人员招募、教育培训、绩效考评、薪酬福利、劳动关系，是人力资源的六大业务模块，内容基本涵盖了现代人力资源基本业务。

人力资源规划：主要有人力资源战略规划、组织规划与设计、岗位规划与设计等内容。

人员招募：主要涵盖人力资源需求分析、人员测评、胜任素质建模、简历分析等内容。

教育培训：主要涵盖员工技能培训、员工新产品，以及员工思想意识教育等。

绩效考评：绩效模式设计、绩效指标管理、绩效跟踪评估等。

薪酬福利：股权设计及激励、工资结构、福利设置，以及日常工资福利实施等等。

劳动关系：劳工合同管理、社会保障管理、职务及薪酬晋升降级管理等等。

除此之外，人力资源理论专家和咨询师们又陆续提出了六

第1章
人力资源真假命题

大模块之外的人力资源业务，如：企业文化（含雇主品牌）、管理制度、授权体系、知识管理、员工职业生涯管理、员工健康管理，以及员工情绪管理等实务。

企业文化：企业核心理念的提炼、塑造及传播，雇主品牌、员工体验设计与推广等。

制度管理：主要涵盖人力资源全程业务的激励措施及规章制度体系。

授权体系：权限授予规划、权限及流程节点设计等。

知识管理：知识图谱，及显性知识管理、隐性知识挖掘等。

员工职业生涯管理：主要有员工职业发展辅导与咨询、职业生涯规划等。

员工健康管理：员工工作环境管理、员工心理健康管理等。

员工情绪管理：员工情绪管理、员工幸福度指数检测、公司舆情监控与管理等。

除员工职业生涯管理、健康管理、情绪管理外的人力资源业务，相信人们都不陌生。事实是，企业员工对这三项业务的需求非常急迫。

人力资源核心业务

企业人力资源的核心业务是什么？仁者见仁、智者见智。

AI+HR
智能招聘：人工智能浪潮下的招聘大变局

这自然跟企业领导人或人力资源部负责人有极大的关系。有的企业认为企业文化是企业人力资源工作的重心，理由是没有文化的企业没有向心力；有人认为劳动法规是企业人力资源工作的核心内容，理由是一旦企业在劳动法上犯错误，有可能导致企业的关门；也有人认为是薪酬福利，理由是只有有竞争力的薪酬福利才会吸引人才、留住人才。

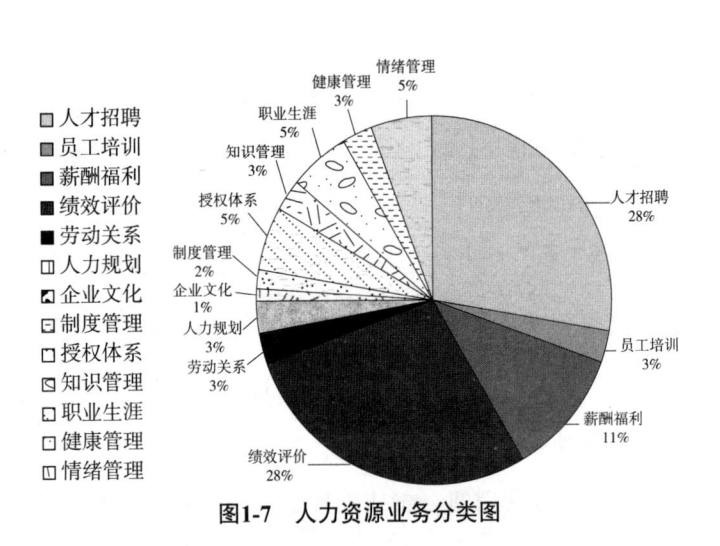

图1-7 人力资源业务分类图

- 人才招聘 28%
- 绩效评价 28%
- 薪酬福利 11%
- 情绪管理 5%
- 职业生涯 5%
- 授权体系 5%
- 知识管理 3%
- 健康管理 3%
- 员工培训 3%
- 人力规划 3%
- 劳动关系 3%
- 制度管理 2%
- 企业文化 1%

（1）回溯1：救死扶伤

救死扶伤，最早出自两千多年前司马迁的《报任安书》："与单于连战，十有余日，所杀过半当，虏救死扶伤不给"，司马迁描述李陵与匈奴人决战时壮烈的场面，敌人没有时间抢救将

第 1 章
人力资源真假命题

要死去的和已经受伤的士兵。"救死扶伤"后来就成为医生的职责要求，现形容医务工作者全心为病人服务的精神。抢救垂死、救治受伤的病人，就成为医疗工作者的核心工作内容。

（2）回溯2：授业解惑

授业解惑，出自韩愈的《师说》：古之学者必有师。师者，所以传道授业解惑也。意思是：古代求学的人一定有老师。老师，是传授道理、教授学业、解答疑难问题人。授业解惑，是对教师职业最精辟的提炼和高度总结，后来就成为教师职业的最核心工作内容和要求。

（3）回溯3：知人善任

知人善任，出自班彪的《王命论》中："盖在高祖，其兴也有五：一曰帝尧之苗裔，二曰体貌多奇异，三曰神武有征应，四曰宽明而仁恕，五曰知人善任使。"大概的意思是：高祖兴盛之由有五点：一是帝尧的后裔，二是身体形貌多奇异，三是神武而有征兆应验，四是宽厚明察而仁德忠恕，五是知人善任。这里的"知人善任"是指，了解一个人，然后妥善地任用他。

如果非要在人力资源业务中找到核心业务板块，那么就是"知人善任"，翻译到人力资源里，就是人才招聘和绩效考评。 当然，这是笔者基于个人的理解，也向读者解释了为什么本书定名为《智能招聘》的缘由吧。

1.6 人们为什么要工作

工作目的四维视角

我们在"人力资源中的命题"里,推翻了"工作的目的就是工资"的论点。那么人们工作的目的到底是什么呢?

一代科学巨匠迈克尔·法拉第（Michael Faraday,英国物理学家、化学家）在进入英国皇家研究院之前,介绍人汉弗里·戴维爵士问法拉第:"年轻人,可能因为你没到试验室工作过,所以才愿意到这里来。科学研究不仅辛苦,即使付出极大的劳动,也只有微博的物质报酬。"法拉第:"但是,只要能在这里工作,本身就是一种报酬。"法拉第没有食言,他的研究成果奠定了电磁学的理论基础,并发明了世界第一台发电机和电动机。因其杰出的贡献,后人将他与牛顿、爱因斯坦等大师并称。

经过对科技界、政界、企业界的成功人士进行梳理,我们发现有以下几个要素可以解释一个人为什么要在某个组织工作或某个职业生涯里寻求发展,或者解释为什么要工作。

①兴趣（或爱好）,即来自人们心灵深处的对于某类工作稳定、长期存在的喜好。

②特长（或天赋）,即与众不同的某些才能或力量。

第1章
人力资源真假命题

③价值观（或职业价值观），一个人对职业的认识、态度以及职业目标和向往。

④报酬，即获得的工资福利，是劳动价值的体现形式。

表1-4　　　　　　　　工作目的四维视角

项目	解释	权重	适用群体
①兴趣 （Interest）	职业兴趣、职业倾向度能否得到满足	30%	知识型员工更重视兴趣是否在工作中被满足，体力劳动型则要求低
②特长 （Speciality）	擅长的能力、优于他人的特点能否发挥	20%	知识型、体力型员工都希望能发挥所长
③价值观 （work values）	职业认知度、职业向往程度、企业文化等	20%	知识性员工重视职业选择，以及企业文化的影响，体力型则要求低
④报酬 （wages）	是否优于他人、是否与贡献匹配、是否与能力匹配	30%	知识型员工比较重视①②③，体力型员工更注重④的满足

根据表1-4，我们很容易解释法拉第"只要能在这里工作，本身就是一种报酬"的名言。事实上，如今的公务员考试每年都吸引着大量品学兼优的学子们，究其原因是职业兴趣和价值观在发挥作用，而不是报酬。

网络上盛传着一则关于职业态度（价值观）的话。

60、70后在一个单位可以工作一辈子，不选择离职；

80后可能因为别的单位工资高而选择跳槽；

90后可能因为被上司（或老板）骂2次就会选择辞职；

00后可能因为上司不听他的话而选择辞职。

虽然只是个段子，但却揭示了年轻一代对工作的态度（职业价值观），非常值得人力资源工作者们深思。

马斯洛需求层次理论

美国心理学家马斯洛（Abraham Harold Maslow，亚伯拉罕·哈罗德·马斯洛）于1954年出版的《动机与人格》中提出了需求的五个层次，即：生理需求（psyiological needs）、安全需求（safety needs）、爱与归属的需求（love and belonging needs，即社交需要）、尊重需求（esteem needs）、自我实现的需求（self-actulization needs）。

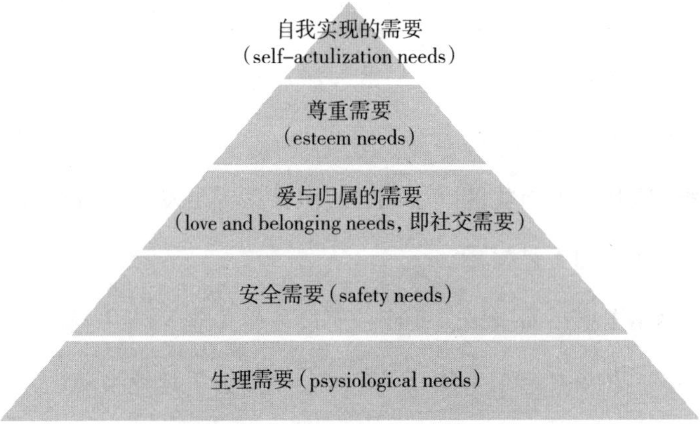

图1-8 马斯洛需求五层次图

第1章
人力资源真假命题

1970年新版书中,马斯洛又将五个层次需求改为七个层次:

①生理需求(physiological needs),指维持生存及延续子孙后代的需求。

②安全需求(safety needs),指希望受到保护与免于威胁的安全需求。

③隶属于爱的需求(belongingness and love needs),指被人接纳、爱护等的需求。

④自尊需求(self-esteem needs),指获取并维护个人自尊心的需求。

⑤知的需求(need to know),指对己对人对事物变化有所了解的需求。

⑥美的需求(aesthetic needs),指对美好事物欣赏,顺自然、循真理等的需求。

⑦自我实现需求(self-actualization needs),指个人所有需求或理想实现的需求。

马斯洛需求层次理论从人类的需求动机出发,并将动机进行有序划分,为人类解释、预测自己的行为提供了理论依据。在人力资源工作中,利用马斯洛需求层次理论可以解释许多关于薪酬福利、绩效与激励等方面的现实问题。利用马斯洛需求层次理论可以解释人为什么要工作的问题。比如有人是为了钱,满足基本生活（生存）需要而工作；有人工作是为了实现自我价值，将其列为最重要的位置，等等。

值得一提的，马斯洛需求层次理论中，并不是低级别的需求被满足后就去追求高级别的需求，不再对低级别需求有动机了，现实中反而往往是多级别需求并存的现象。

小结

企业人力资源工作是一项实践性比较强的工作，其理论基础来源于经济学、心理学和社会学等学科，所以用一种学说有时很难解释实践中的某个人力资源问题，这时需要我们多视角来看待它。比如时下流行的三支柱人力资源工作模式，比较适合大规模企业，而不太适合小企业。一般的现金激励对体力劳动者的作用强于对知识型员工的作用，但绝不能因此而否定或低估现金激励的作用。

第 2 章
基于 AI 的人力资源

2.1　人工智能基础

2.2　人类已经进入AI时代

2.3　AI-HR时代的迅速崛起

2.4　e-HR与AI-HR的区别

2.5　传统招聘模式的缺陷

2.6　智能招聘的优势和现实意义

第 2 章

基于 AI 的人力资源

人工智能（Artificial Intelligence，AI）是一场技术革命，是信息大爆炸时代的标志性符号。千百年来，人类"不劳而获"的梦想或将实现。在此之前，机器已经忠实地为人类替代着体力劳动，从而解放了手脚。而今天，人工智能武装下的机器也将逐步接替人类的脑力劳动，进而解放人们的大脑。如今，人工智能正在向所有产业渗透，其广泛程度远超互联网。

2.1 人工智能基础

算法、算力、大数据是AI的土壤。若把AI比作一个江湖大侠的话，那算法好比是大侠使用的拳法，算力就是大侠的出拳速度，而大数据就好比是大侠的一群陪练员。

什么是算力？

这要从世界上第一台计算说起。

电子管计算机。世界上第一台计算机于1946年2月14日在美国宾夕法尼亚大学诞生，它产生的背景是为美国军方进行弹道计算。它的体积非常大，占地150平方米，重达30余吨，拥有18000个电子管，每秒钟进行5000次运算，取名为ENIAC。电子管计算机由于电子管的体积大、耗电量大、容易发热，运算速度慢，因而工作时间不能太长，但它在当时却是最了不起的发明创造。

图 2-1　电子管计算机核心元器件-电子管

晶体管计算机。1955年，美国贝尔实验室用晶体管替代电子管，研制出了世界上第一台晶体管计算机，取名TRADIC。它装有800只晶体管，功率只有100瓦特，占地仅3英尺，但它的运算速度却达到了每秒钟300万次，是第一台电子管计算机的600倍。相较电子管计算机，它具有速度快、体积小、重量轻、耗电少等优点。截至20世纪60年代，人类生产出了3万多台计算机。

图 2-2　晶体管管计算机核心元器件——晶体管

第 2 章
基于 AI 的人力资源

集成电路计算机。1958年，美国德州仪器的工程师将晶体管集成在小小的硅片上制成了世界上第一个集成电路，它的诞生为微型计算机的出现奠定了基础。1964年，美国IBM公司研制出了360系列计算机，是世界上第一台集成电路计算机。相较第二代晶体管计算机，体积更小、计算速度更快。IBM 360成为第三代计算机（集成电路计算机）的里程碑。

图2-3 集成电路计算机核心元器件-集成电路

目前计算机是基于大规模的集成电路而设计的。逻辑门1000001个以上或晶体管10000001个以上，集成在一个更小的半导体晶圆表面上，俗称"芯片"。

摩尔定律。摩尔定律是由英特尔创始人Gordon Moore提出来的集成电路发展规律。其内容为：当价格不变时，集成电路上可容纳的元器件的数目约18个月会增加一倍，性能也将提升一倍。这一定律揭示了信息技术的发展速度，也是迄今为止在技术领域人类创造的唯一指数级规律。摩尔定律问世40多年来，集成电路的实际发展刚好印证了其正确性。由于大规模集成电路的快速迭代，现代的计算机运算速度已达每秒千万亿次以上。IBM公司研发的超级计算机Summit于2018年11月发布，以每秒14.86亿亿次的浮点运算速度成为世界上运算最快的计算机。

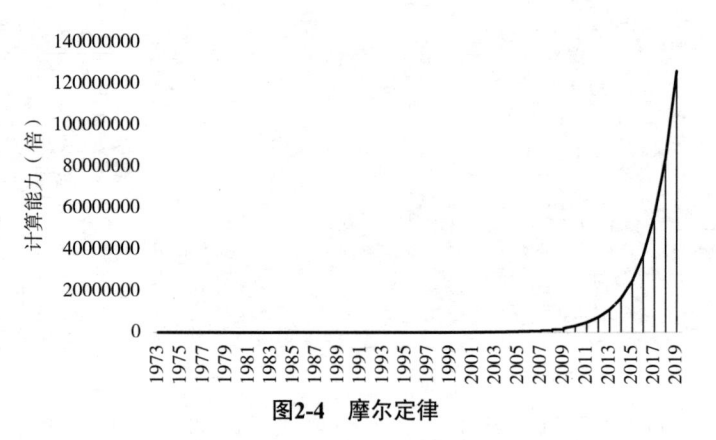

图2-4 摩尔定律

什么是算法？

思维学说普遍认为，人类大脑的思维分为抽象思维（逻辑）、形象思维（直观）和灵感思维（顿悟）三种基本方式。人工神经网络就是模拟人类思维的第二种方式。虽然单个神经元的

第 2 章
基于 AI 的人力资源

结构极其简单，功能有限，但大量神经元构成的网络系统所能实现的功能却是极其丰富多彩的。

算法是人工智能程序的精髓，是编程的核心，像一台计算机的CPU，算法的好坏直接决定了一个软件系统的效率高低。许多人说学习编程序，就是学习编程语言及其技术，其实计算机的算法更加重要，一个优秀的程序员一定是善于算法的人。计算机的编程语言种类很多，其更新迭代也比较快，但算法却不会有多大的变化，优秀的算法将长期被人们使用。人工智能领域常用的算法主要有以下几种：决策树、随机森林、逻辑回归、朴素贝叶斯、SVM、K最近邻、K均值、马尔科夫、神经网络、Adaboost等。

实例：决策树算法原理及其实现

决策树是在已知各种情况发生概率的基础上，判断其可行性的决策分析方法，是直观运用概率分析的一种图解法。决策树算法是机器学习中比较常见的一种算法，属于监督学习中的一种。为进一步说明决策树的原理，我们以声音和头发两个特征变量来实现性别判断。

一位老师问两个同学，如何通过头发长短、声音的粗细来判断一个人是男生还是女生？接下来，两位同学便立即统计了现有8个人的有关特征。

头发	声音	性别
长	粗	男
短	粗	男
短	粗	男
长	细	女
短	细	女
短	粗	女
长	粗	女
长	粗	女

细心的同学A根据上表提出了一个方案：先根据头发判断，再根据声音判断，最后确定性别。于是同学先画出了性别判断流程图，如图2-5所示：

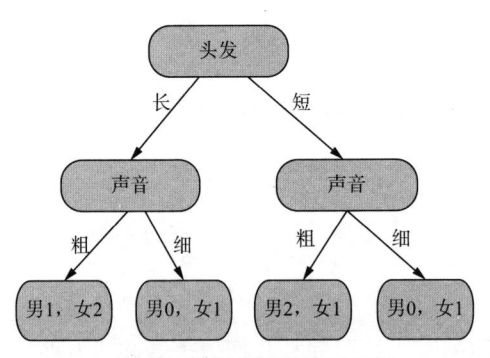

图2-5 决策树方案A示意图

决策树方案A示意图描述的决策树：头发长、声音粗为男生，而头发长、声音细就为女生；头发短、声音粗为男生，而头发短、声音细为女生。

接着，同样很用心的B同学根据上表也做出了一个方案：先

第 2 章
基于 AI 的人力资源

判断声音、后判断头发,最后判定性别。于是B同学也画出了自己的性别判断流程图,如图2-6所示。

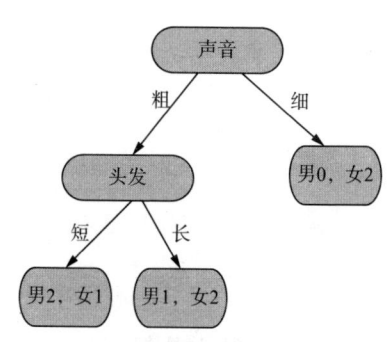

图2-6 决策树方案B示意图

决策树方案B示意图描述的决策树:声音细为女生;声音粗、头发短为男生,而声音粗、头发长为女生。

那么,作为老师如何判定同学A和同学B的方案最优呢?

美国数学家、信息论创始人香农(Claude Elwood Shannon,克劳德·艾尔伍德·香农)于1948年引入信息熵(entropy),将其定义为离散随机事件的出现概率:一个系统越是有序,信息熵就越低;反之,一个系统越是混乱,信息熵就越高。也就是说,信息熵可以被认为是系统有序化程度的一个度量。用信息熵来表示信息的复杂程度,用信息增益(information gain)来表示信息熵的差值。

熵的公式是:

$$H=-\sum_{i=1}^{n}p(x_{i})\log_{2}p(x_{i})$$

我们首先来计算未分类之前的信息熵，总共有8位同学，男生3位，女生5位。即：

熵（总）=-3/8log2（3/8）-5/8log2（5/8）=0.9544

接下来，我们分别计算同学A和同学B分类后的熵：

熵（同学A长发）=-1/4log2（1/4）-3/4log2（3/4）=0.8113

熵（同学A短发）=-2/4log2（2/4）-2/4log2（2/4）=1

熵（同学A）=4/80.8113+4/81=0.9057

信息增益（同学A）=熵（总）-熵（同学A）=0.9544-0.9057=0.0487

同理，我们计算出信息增益（同学B）：

熵（同学B声音粗）=-3/6log2（3/6）-3/6log2（3/6）=1

熵（同学B声音粗）=-2/2log2（2/2）=0

熵（同学B）=6/81+2/8*0=0.75

信息增益（同学B）=熵（总）-熵（同学B）=0.9544-0.75=0.2087

根据计算结果，信息增益（同学B）0.2087>信息增益（同学A）0.0487，故同学B的方案优于同学A的方案。本例中，同学B的方法是先按声音粗细特征进行分类，然后再按照头发长短分

第 2 章
基于 AI 的人力资源

类，相较同学A：信息增益更大，区分样本的能力更强，更具有代表性，所以说方案更优。

以上就是决策树ID3算法的核心思想，接下来我们用python代码来实现ID3算法。

Python3x Code：

```
1.  from math import log
2.  import operator
3.  # 计算数据的熵（entropy）
4.  def calcShannonEnt（dataSet）:
5.      # 数据条数
6.      numEntries=len（dataSet）
7.      labelCounts={}
8.      for featVec in dataSet：
9.          # 每行数据的最后一个字（类别）
10.         currentLabel=featVec[-1]
11.         if currentLabel not in labelCounts.keys（）:
12.             labelCounts[currentLabel]=0
13.         # 统计有多少个类以及每个类的数量
14.         labelCounts[currentLabel]+=1
15.     shannonEnt=0
16.     for key in labelCounts：
17.         # 计算单个类的熵值
18.         prob=float（labelCounts[key]）/numEntries
19.         # 累加每个类的熵值
20.         shannonEnt-=prob*log（prob, 2）
21.     return shannonEnt
22. # 创造示例数据
```

```
23.    def createDataSet1（）：
24.        dataSet = [['长'，'粗'，'男'],
25.                   ['短'，'粗'，'男'],
26.                   ['短'，'粗'，'男'],
27.                   ['长'，'细'，'女'],
28.                   ['短'，'细'，'女'],
29.                   ['短'，'粗'，'女'],
30.                   ['长'，'粗'，'女'],
31.                   ['长'，'粗'，'女']]
32.        #两个特征
33.        labels = ['头发'，'声音']
34.        return dataSet，labels
35.    #按某个特征分类后的数据
36.    def splitDataSet（dataSet，axis，value）：
37.        retDataSet=[]
38.        for featVec in dataSet：
39.            if featVec[axis]==value：
40.                reducedFeatVec =featVec[：axis]
41.                reducedFeatVec.extend（featVec[axis+1：]）
42.                retDataSet.append（reducedFeatVec）
43.        return retDataSet
44.    #选择最优的分类特征
45.    def chooseBestFeatureToSplit（dataSet）：
46.        numFeatures = len（dataSet[0]）-1
47.        #原始的熵
48.        baseEntropy = calcShannonEnt（dataSet）
49.        bestInfoGain = 0
50.        bestFeature = -1
51.        for i in range（numFeatures）：
52.            featList = [example[i] for example in dataSet]
53.            uniqueVals = set（featList）
```

第 2 章
基于 AI 的人力资源

```
54.     newEntropy = 0
55.     for value in uniqueVals：
56.         subDataSet = splitDataSet（dataSet，i，value）
57.         prob =len（subDataSet）/float（len（dataSet））
58.         # 按特征分类后的信息熵
59.         newEntropy +=prob*calcShannonEnt（subDataSet）
60.         # 原始熵与按特征分类后的熵的差值
61.         infoGain = baseEntropy - newEntropy
62.         # 若按某特征划分后，熵值减少的最大，则次特征为最优分类特征
63.         if（infoGain>bestInfoGain）：
64.             bestInfoGain=infoGain
65.             bestFeature = i
66.     return bestFeature
67. #按分类后类别数量排序，比如：最后分类为2男1女，则判定为男；
68. def majorityCnt（classList）：
69.     classCount={}
70.     for vote in classList：
71.         if vote not in classCount.keys（）：
72.             classCount[vote]=0
73.         classCount[vote]+=1
74.     sortedClassCount = sorted（classCount.items（），key=operator.itemgetter（1），reverse=True）
75.     return sortedClassCount[0][0]
76. def createTree（dataSet，labels）：
77.     # 类别：男或女
78.     classList=[example[-1] for example in dataSet]
79.     if classList.count（classList[0]）==len（classList）：
80.         return classList[0]
81.     if len（dataSet[0]）==1：
82.         return majorityCnt（classList）
```

83.　#选择最优特征
84.　bestFeat=chooseBestFeatureToSplit（dataSet）
85.　bestFeatLabel=labels[bestFeat]
86.　#分类结果以字典形式保存
87.　myTree={bestFeatLabel：{}}
88.　**del**（labels[bestFeat]）
89.　featValues=[example[bestFeat] **for** example **in** dataSet]
90.　uniqueVals=set（featValues）
91.　**for** value **in** uniqueVals：
92.　　subLabels=labels[：]
93.　　myTree[bestFeatLabel][value]=createTree（splitDataSet\
94.　　　　（dataSet，bestFeat，value），subLabels）
95.　**return** myTree
96.　**if** __name__=='__main__'：
97.　　#创造示列数据
98.　　dataSet，labels=createDataSet1（）
99.　　#输出决策树模型结果
100.　　**print**（createTree（dataSet，labels））

执行以上python代码，得到如图2-7所示结果：

```
Python 3.6.5 Shell                                      —  □  ×
File Edit Shell Debug Options Window Help
Python 3.6.5 (v3.6.5:f59c0932b4, Mar 28 2018, 17:00:18) [MSC v.1900
64 bit (AMD64)] on win32
Type "copyright", "credits" or "license()" for more information.
>>>
================ RESTART: C:/Users/Snmsung/Desktop/决策树.py ====
==============
{'声音': {'细': '女', '粗': {'头发': {'短': '男', '长': '女'}}}}
                                                       Ln: 6 Col: 4
```

图2-7　决策树最优方案选择执行结果

解释：首先按声音分类，声音细为女生。若声音粗，则执行

第 2 章
基于 AI 的人力资源

按头发分类：声音粗、头发短为男生；声音粗、头发长为女生。程序执行结果与A、B方案信息熵计算出信息增益得出的结果一致，与同学B方案完全相同。

以上案例来自网络。限于篇幅关系，这里不再对其他算法一一介绍，若有兴趣者，请参阅相关知识。

什么是大数据？

大数据是指无法在一定时间范围内用常规软件工具进行捕捉、管理和处理的数据集合，是需要新处理模式才能具有决策力、洞察发现力和流程优化能力的海量、高增长率和多样化的信息资产。IBM公司提出大数据有5V特点：Volume（大量）、Velocity（高速）、Variety（多样）、Value（低价值密度）、Veracity（真实性）。基于人工智能的大数据以直接的方式体现了第一个V，即：量大。

计算机存储数据是按照字节来计算数据的，最小的基本单位是bit，一个字节（Byte）等于8bit。以下按顺序给出所有单位换算关系：bit、Byte、KB、MB、GB、TB、PB、EB、ZB、YB、BB、NB、DB。

它们按照进率1024（2的10次方）来计算：

1 Byte =8 bit

AI+HR
智能招聘：人工智能浪潮下的招聘大变局

1 KB = 1024 Bytes

1 MB = 1024 KB

1 GB = 1024 MB

1 TB = 1024 GB

1 PB = 1024 TB

1 EB = 1024 PB

1 ZB = 1024 EB

1 YB = 1024 ZB

1 BB = 1024 YB

1 NB = 1024 BB

1 DB = 1024 NB

近年来，全球大数据储量呈现爆炸式增长，其中中国数据产生量增长最为迅速，平均每年增长速度比全球快3%。据有关机构预测：到2025年中国将成为全球最大的数据圈。中国数据圈将收到来自物联网设备信号、元数据、娱乐相关数据、云计算和边缘计算增长的数据。中国生产力数据和物联网数据占比将从2015年的11%增长至2025年的40%。

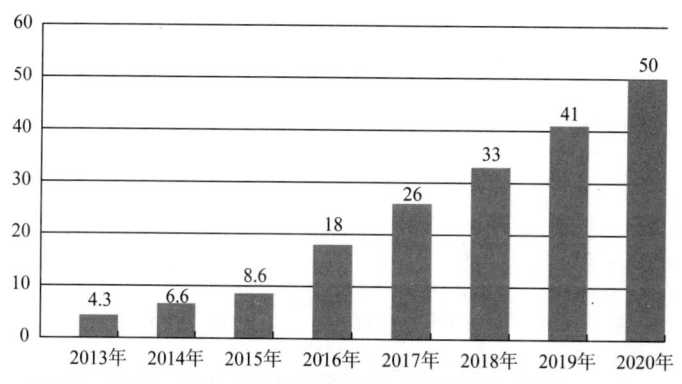

图2-8　2013～2020全球大数据储量及增长情况（单位：ZB）

数据的快速增长为人工智能提供了快速生长的沃土，使AI在数据中自由地洞察商机、搜索成本与价值、构建商务逻辑、发掘知识等成为可能。

2.2　人类已经进入AI时代

人工智能与人类棋手对决

2016年3月，Google旗下DeepMind公司基于人工智能深度学习的AlphaGo（阿尔法围棋）与世界围棋冠军李世石进行人机大战，李世石以1∶4的总分败给AlphaGo；2019年12月19日，李世石在家乡新安郡举行退役赛，三番棋终局中，执黑181手中盘负

AI+HR
智能招聘：人工智能浪潮下的招聘大变局

于韩国围棋AI机器人"韩豆"。至此，李世石退役赛1胜2负败给AI"韩豆"（首局韩豆让三子），并宣告正式退役。韩媒曾报道称，输给AlphaGo后对李世石的打击很大，成为他决心退役的理由之一。

2017年5月，AlphaGo在中国乌镇围棋峰会上与世界排名第一的中国围棋冠军选手柯洁对战，AlphaGo以3：0的总成绩完胜，柯洁当场落下眼泪。2018年4月27日，柯洁与中国研制的围棋AI"星阵"进行人机大战，在弈至145手时柯洁中盘认输。星阵围棋于2018年4月12日诞生，年仅15天后便与柯洁对战。事后柯洁坦言："跟AI下棋总是有无力感，确实它的计算和对大局的判断都在我之上。不知道自己的表现好或坏，因为确实很难下。"

人类与机器对弈下棋由来已久。1769年，德国发明家肯佩伦（Wolfgang von Kempelen）制造了一台机械的下棋装置，取名"土耳其人"（The Turk）。1809年"土耳其人"与不可一世的拿破仑对弈，最终"土耳其人"大胜，拿破仑恼羞成怒，将棋盘上的棋子全掀翻地上。1827年，"土耳其人"到美国巡演时，被两个孩子发现有人在操纵"土耳其人"，至此被发现是个彻头彻尾的人类骗局。

计算机的出现，让更多的"好事者"参与其中。被称为"人

第 2 章
基于 AI 的人力资源

工智能之父"的英国数学家艾伦·麦席森·图灵（Alan Mathison Turing，1912年6月23日～1954年6月7日）编写了第一个下棋程序。

被称为"计算机之父""博弈论之父"的冯·诺依曼（John von Neumann，1903年12月28日～1957年2月8日），也在研究计算机下棋，他与经济学家摩根斯顿提出两人对弈的minimax算法，从此掀开了计算机下棋的理论研究。

IBM公司意识到计算机下棋的商业价值，为此成立了命名为深蓝（Deep Blue）的项目，制造了一台超级国际象棋电脑，重达1270公斤，有32个大脑（微处理器）并行处理程序，每秒钟可以计算2亿步。"深蓝"输入了一百多年来优秀棋手的对局近两百多万局棋。1997年5月11日，在人机大战中，"深蓝"首次击败了排名第一的俄罗斯国际象棋选手卡斯帕罗夫。之后，IBM宣布"深蓝"退役，解散了项目团队。

2006年前后，中国人设计的中国象棋软件战胜了特级中国象棋大师。

Google公司也进入了围棋领域。围棋起源于中国，相较象棋（国际象棋和中国象棋），围棋的棋子多，计算机程序设计难度大，所以AI围棋一直没有取得突破性发展。谷歌的AlphaGo首次采用了强化学习（Reinforcement Learning，

AI+HR
智能招聘：人工智能浪潮下的招聘大变局

RL），通过让机器与自己对弈进行训练和学习，这使得AlphaGo越来越"聪明"。阿尔法围棋（AlphaGo）是通过两个不同神经网络"大脑"合作来改进下棋：落子选择器（Move Picker）和棋局评估器（Position Evaluator）。阿尔法围棋（AlphaGo），结合了数百万人类围棋专家的棋谱，以及强化学习进行了自我训练，达到了"超越世界任何围棋选手"的本领。

2017年10月18日，谷歌的DeepMind团队公布了最强版阿尔法围棋，代号AlphaGo Zero。经过短短3天的自我训练，AlphaGo Zero就强势打败了此前战胜李世石的旧版AlphaGo（机器对战），战绩是100∶0。经过40天的自我训练，AlphaGo Zero又打败了AlphaGo Master版本。"Master"曾击败过世界顶尖的围棋选手，甚至包括世界排名第一的柯洁。自此，世界上再无人声称可以击败AI棋手了。

笔者认为，人类冠军棋手被AI棋手打败，是自然而然的事情，人类并不要感觉"丢人"，因为AI技术是全世界最顶尖的科学家设计出来的，是集体智慧的结晶，或者说它是集人类的智慧结晶。

无线电技术的出现，让天各一方的人们跨越时空如同面对

第 2 章
基于 AI 的人力资源

面一样的交流,实现了古人所期望"千里耳"的梦想;航空航天技术的出现,真正实现了人类千万年的"飞跃"梦想;AI技术浪潮,有可能实现人类千百年来"不劳而获"的梦想。

AI与内容创作

AI是否能像人类一样进行创造性的思考吗?在理论界、技术界,乃至民间一直都有争论:一类观点是AI不能做到,另一类是AI可以做到、而且比人类思考得更好。

2014年5月,微软(亚洲)互联网工程院正式推出了融合自然语言处理、计算机语音和计算机视觉等为一体的人工智能底层框架,微软"小冰"(AI机器人)就此诞生了。按照微软(亚洲)互联网工程院副院长、微软小冰负责人李迪透露:小冰学习了1920年代以来519位诗人的现代诗,被训练了10000次。一开始,小冰写出的诗句不通顺,但到现在已经形成了"自己"的独特风格,以及行文技巧。2017年5月19日,微软小冰原创诗集《阳光失了玻璃窗》出版,这是人类历史上第一部100%由人工智能创造的诗集。

图2-9　微软小冰诗集封面

2019年4月，学术出版商Springer Nature公布了世界第一本使用AI机器学习生成的研究书籍《锂离子电池：机器生成的当前研究摘要》，它概述了锂离子电池领域的最新研究成果。根据科学索引网站 Futurism 的说明，这里面用到一项很复杂的技术，是一种由 Springer Nature 和德国歌德大学共同开发的一种先进算法Beta Writer。"虽然这本书的内容很复杂，但这本书是用 AI 技术编写的，这让人非常兴奋。" Springer Nature 的 Henning Schoenenberger 在书中写道，"编书这件事可以通过 AI 技术来解决，或将开启了'科学出版的新时代'。"

第 2 章
基于 AI 的人力资源

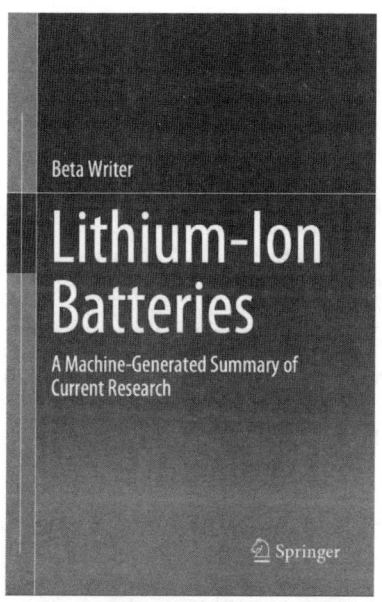

图2-10　Beta Writer创作的《锂离子电池》一书封面

AI产业全面崛起

AI机器人与人类挑战智慧，激发了人们对人工智能的兴趣和热情，有志青年纷纷进入人工智能领域，期待在各行各业做出类似AlphaGo的AI程序，以替代或辅助人类工作和生活。

随着人工智能领域的机器学习、深度学习、机器视觉、图像识别、语音识别、自然语言处理、知识图谱、人机交互、类脑科学、AI芯片等技术的快速发展，人工智能迅速在养老、交通、制造、物流、农业、金融、能源、司法、通信、教育、政务、视频、环保、国防、商务营销、企业管理、个人生活等产业与领域得到了不同程度的应用，产业智能、社会智能触手可及。

近两年来，全球主要经济体也纷纷将人工智能上升为国家发展战略。美国政府近两年频频出台人工智能产业政策，将人工智能产业列为重中之重，强调世界范围内的"美国全面领先"；德国政府不甘示弱，将人工智能贯穿整个国家科技战略体系之中，以体现"人工智能德国造"的意志；英国政府2017年发布的《产业战略：建设适应未来的英国》，将人工智能列为"国家产业战略的核心"；日本政府不甘落后，提出并积极推进以人工智能构建的"超智能社会"；中国2017年发布《新一代人工智能发展规划》，将人工智能上升为国家战略。

人力资源智能（AI+HR）迎来风口

人工智能与人的关系尤为密切，人力资源渐成产业发展的风口。2018年世界人工智能大会发布《2018世界人工智能产业发展蓝皮书》，将"人工智能+人力资源"（AI+HR）列为十二大应用产业领域之一。基于人工成本、技术优势等方面的考虑，美国"AI+HR"起步较早，从员工招聘、培训、职业测评，到薪酬福利、绩效管理、员工关系、工作设计等方面业务初步实现了AI化，并诞生了一大批AI+HR的创新企业。如美国大型科技企业

第 2 章
基于 AI 的人力资源

Microsoft、Google、Amazon、IBM等相继成为全球AI+HR的应用典范，也出现了一批如LinkedIn、Pymetrics、Harver、Predikt、Jobscan、Sparcit等新一代AI+HR创业公司。

2019年9月，瑞典科技公司Furhat Robotics与瑞典最大招聘公司之一TNG联手研制出面试机器人Tengai，并为瑞典市政府面试员工，一个名叫安德斯达的年轻人通过了Tengai的面试，成为全球通过机器人面试上岗的首位员工。

2019年，阿里云计算平台正式上线了基于AI的简历筛选系统，并向广大的爱好者开放学习服务。国内的主要招聘网站也纷纷引入人工智能，为实现AI+HR的领袖位置各显身手。无论是企业的数量还是员工的数量总和，中国占据着世界排名第一的重要位置，笔者感觉到AI定能在中国新技术、新经济里大显身手，不管是科技型AI+HR，还是企业传统之上的HR+AI，都将是一个前景不可估量的伟大事业。

AI+HR的难点需要破解

虽然AI技术领域对HR行业领域充满了信心，但不可否认的是，AI+HR领域的应用将面临三个重要问题亟待解决：一是传统HR理论滞后的问题；二是AI+HR的复合型人才问题；三是管理层的思想转变问题。

AI+HR
智能招聘：人工智能浪潮下的招聘大变局

（1）传统人力资源理论的滞后性

对于科技或AI带来的冲击，传统人力资源理论并没有现成的规律可循。

比如传统人力资源管理理论试图将人的思想进行归一化处理，通过企业文化、管理制度、业务流程等，努力把人打造成一个不能有自己思维的"机器"。在组织架构上，大都采用了官僚化的层级制来层层管控，通过计划、组织、监督、管控等达到对员工的管理控制的目的，即让员工成为听从上级指令的机器。相反，人工智能的宗旨是试图让机器具有人的思想、让机器变成人。

譬如，中国的一些民营企业（包含部分国有企业）置国家法律法规于不顾，明里暗里强行推行"996工作制"（即早9点上班、晚9点下班，每周工作6天），这里面不乏大型上市企业和知名互联网企业，他们无不是迫使员工成为机器。是本该如此，还是人力资源理论未能注解？

譬如，智能驾驶的目标并不是取代人类的驾驶，而是减少交通事故，所以人工智能驾驶系统是基于"零交通事故率"为目标进行设计的，由于人类会犯这样或那样的错进而造成交通事故，AI驾驶也就自然而然可以取代人类的汽车驾驶功能。作为视驾驶为乐趣的玩车一族，人与机器怎样和睦相处？

第 2 章
基于 AI 的人力资源

再譬如，具备丰富招聘经验的人力资源从业人员，在积累经验的同时也在增加自己的"个人偏见"：我比任何人高明，我比机器高明，我能发现AI的漏洞，等等。这些都将成为他们拒绝或排斥人工智能的理由。同样，基于AI的人力资源测评、简历筛选及匹配，是基于帮助人力资源工作者减少错误，但AI的快速、批量处理工作任务的能力使其具备了接替人类HR工作的基础，却极有可能引起众多HR工作者的惊慌。

不知是出于对AI的实质了解甚少，还是观点太隐晦，一些专家的观点很是惊人：AI辅助人类工作，而不是取代人类工作。但现实是：2017年阿里巴巴上线智能客服，一夜之间迫使3000多名人工客服转岗或失业；中国某一大型客车制造企业，引进十台智能机器人投入到喷涂车间，一夜之间减员近8000余名车间喷涂工人；在国家"交通强国"的战略推动下，全国近3万多个高速公路收费站的几十万收费员，正在被智能收费系统逐步替代；在大型超市里，一夜之间纷纷开通了智能结算、收银系统，让智能商超接替人类商务结算进入赛道；市场上开始试水的基于AI的"智能招聘"系统，的确可以替代一部分人力资源工作者……

（2）AI+HR复合型人才稀缺问题

AI人才本身就很紧缺，再加上HR专业人才也很匮乏，所以AI+HR的复合型人才更是稀缺。基于AI的人力资源系统，不同于

e-HR，不管是软件、还是硬件，对企业HR或人力资源本身的提升力度可以说是空前的。但基于HR人员的AI研发能力，或AI人员的"HR化"能力都非常薄弱，在美国，早有专门的培训机构提供非软件人员的软件开发课程和软件开发人才的业务专业课程。至少到现在，在中国还没有那个培训机构在做HR人员的AI培训课程。复合型人才的短缺，是最难以解决的难题。

（3）管理层的思想成见不愿意打破，对AI+HR的推进势必会造成阻碍

一方面，基于AI的应用会使部分人转岗或淘汰，让人不安。这个问题，也应当也引起AI人员的注意：在AI替代人工的时候，还要考虑到有哪些新职业被创造出来，让人们再次拥有工作、创造财富的机会。

另一方面，AI将接替管理人员的工作或部分工作，造成个人权威的下降。AI实践证明，它不但可以提高运营效率，还让管理变得更加透明、简单。比如，应个性化时代的到来，年轻的一代迫切希望管理层在制定业务架构和管理架构时充分满足个性化需求：建立分时上班制度、分散办公体系或居家办公系统等，但这对喜欢当面指挥大军作战的企业管理层，至少也算个挑战。事实上，每次技术浪潮，都有可能刺激管理层的神经。

据Gartner 2019报告，72%的AI领导者表示：只有17%的员

第 2 章
基于 AI 的人力资源

工能够完全地、热情地接受在业务流程里引入人工智能。转型文化和战略同样重要。

大数据、人工智能，不管你有没有看到，能不能理解，愿不愿意接纳，它已驾到。马克思的核心理论基础之一，就是生产力决定生产方式，在AI技术浪潮下这一规律仍然有效。在AI以一敌百的来势面前，任何人都无法抵抗，因为这个力量是集全人类的智慧结晶为一体，代表着人类社会的发展方向，我们个体唯一该做的就是去了解它、适应它和拥抱它。

2.3　AI-HR时代的迅速崛起

AI产业浪潮已经来临，并已经逐渐渗透到人力资源领域。旧有的理念会在此更新，原来尚不能企及的想法或理念将在此被AI或人类予以化解；手工业成就了农业工人向工业工人的转变，第一次工业革命让一批批传统"手艺工人"成为流水线的"工人"，而这次以大数据、人工智能为代表的技术浪潮，不会只停留在工人身上做文章，而将改变所有人、所有职业。

AI在简历筛选中的应用

Harver 利用AI开展简历筛选服务。 Harver公司是美国一家基于AI的人力资源创业公司。该公司主要向客户提供简历智能筛选服务。简历智能筛选不是简单的搜索、排序,而是透过求职者的简历,分析出他们的个性、认知能力、文化耦合,再结合求职者的技能等常用指标,挖掘出用人单位需要的人才。传统招聘模式里,由于简历量比较大,质量参差不齐,简历筛选工作往往被逐级下放,交给经验不足的员工来负责,慢慢造成论职排辈式的招聘选人范式,离企业的真实职位需求相差甚远,最终造成大量新招员工的流失。传统招聘网站简历筛选与AI智能筛选的主要功能特点详见表2-1所示。

表2-1　　　　传统简历筛选与AI简历筛选对比

筛选模式	筛选方式	匹配模式	特点	匹配度排名
传统筛选	搜索	关键字匹配	只能以性别、年龄、学历等已知关键字进行模糊搜索	不可以
智能筛选	搜索 AI匹配	全文匹配 相似度匹配	除具有传统关键字筛选功能外,可对简历进行全文筛选	可以

AI在人才测评中的应用

Pymetrics利用AI开展人才测评服务。我们在很短的时间内经历了简历的邮寄时代,也亲历了人才市场面对面收简历的年

第 2 章
基于 AI 的人力资源

代,接着就体验了Email接收简历的时代,随之走进了招聘网站代收简历的年代,技术的发展逐渐改变我们接收简历的方式。而一家美国创业公司Pymetrics(派美特克),竟然宣称简历没有用。

Pymetrics宣称是一家以AI驱动、基于神经科学和数据科学的招聘选拔平台。Pymertrics 的具体做法就是让求职者下载公司的APP,在上面玩一套基于神经科学的游戏,而不需要求职者提供任何简历。求职人员玩游戏时,系统将自动收集测试者的数百万个数据点,客观地测量求职者的认知和人格特质,并据此与求职者的职业倾向特征进行耦合,最终确定求职者的职业发展方向、向用人单位给出求职方面的建议。

Pymetrics-APP游戏有12项:货币交换1、按键、吹气球、货币交换2、数字、难易、停止1、纸牌、箭头、长度、套塔和面部。每款游戏大约需要1~5分钟时间,待所有游戏结束后,求职者就能查看自己详细的特质报告了。同时,你所申请的公司可以同步查看你的求职申请评估。

Pymetrics认为,简历是一个人的过去,并不可以代表未来。他们列举了传统简历式招聘三大缺陷:首先是公司人力资源部筛选出的求职者,之后的成功率仅在30%~50%之间;其次是简历筛查导致50%左右的歧视(年龄、性别、种族、信仰等歧视);

AI+HR
智能招聘：人工智能浪潮下的招聘大变局

最后是85%的经验不足者将会因为简历而被淘汰。

Pymetrics认为，一个人的未来，完全在于他现有的内在潜质。Pymetrics公司首席执行官弗里达·波利（Frida Polli）说："google公司曾经做过一份非常著名的研究，证明简历和工作表现之间关系的相关性微乎其微。"但Polli同时也强调，"Pymetrics公司的目标不是让AI取代招聘人员，而是想让企业招聘人员将注意力重点放在求职人员的内在潜能上面"。

综合来看，Pymetrics公司的AI平台原理如下：

第一，采集求职者的游戏习惯（行为特征）和视频信息（面部表情特征）数据。

第二，将采集的数据，以及设置好的人工智能算法，交给机器学习，然后得出测试者的性格特征（或特质）、职业倾向性，以及职业匹配度等指标。

笔者认为，Pymetrics的模式很特别，也很科学，且大有前景。在Pymetrics列举传统简历式招聘依据经验淘汰求职者方面，国内有大量证据予以证明。比如从未应聘成功的阿里巴巴创始人马云，非常痛恨这一点，所以后来也造成马云的选人策略和特色，如支付宝的首任CEO是不懂金融、出身酒店前台的陆兆禧。据说今日头条的创始人张一鸣曾公开怼过自己公司的HR，

第 2 章
基于 AI 的人力资源

因为招聘项目经理的简历要求中有一条写有"五年以上互联网产品经验，具有日活千万量级以上的产品规划和产品迭代实施经验"。他跟HR调侃说，"按照这个要求，陈林（现任今日头条CEO）、张楠（现任抖音总裁），我们公司一大批PM，一个都进不来，连我自己都进不来。别说千万DAU产品了，他们加入前，连百万，甚至十万DAU的产品也没做过。"

Pymetrics公司撇开传统的简历模式、摒弃了传统自陈式职业测评的缺陷和不足，开启了面部行为特征耦合性格、职业倾向性，以及预测被测试者工作潜力等做法，将会逐步得到心理学界、人工智能学界，及用人单位称赞和支持，更值得HR从业人员、研究人员关注。

另据官方报道，联合利华（Unilever）使用pymetrics软件对分布在全球68个国家或地区的28万求职者进行了测评，取代了传统以简历方式的筛选。实际效果是：

录用率提高了100%；

招聘时间减少了75%；

招聘成本减少了25%；

消除了人为的性别、种族等歧视。

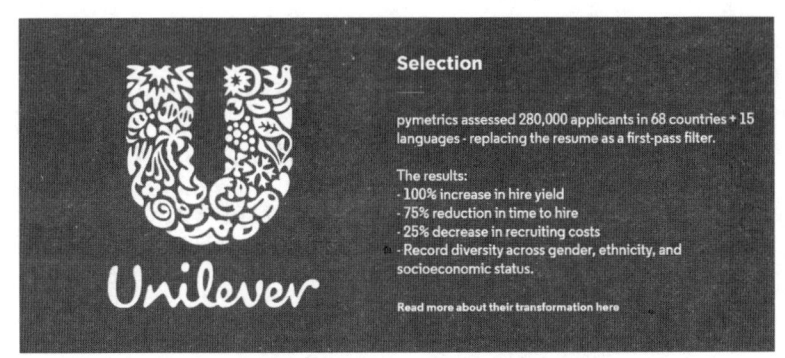

图2-11　联合利华关于pymettrics的使用报告

AI在聊天中的应用

IBM公司利用人工智能与求职者互动。IBM开发了一种人工智能解决方案，名叫WCA（Watson Candidate Assistant，沃森候选人助手），它改变了求职者与IBM的互动模式。以往，求职者在网络招聘广告或招聘网站上获悉工作机会资讯后，求职者和招聘单位在求职面试现场首次见面。而采用人工智能后，求职者和招聘单位可以先通过聊天机器人实时互动，从而获得更为个性化的求职服务。同时，随便实现了简历筛选，不仅提高了工作效率，也提高了招聘的精准度和企业美誉度。IBM人力资源沟通副总裁Carrie Altieri指出，"IBM平均每天收到7000份简历，在合理的时间范围内找到合适的求职者无异于大海捞针"。他们坦诚，自应用WCA以来，招聘时间大大缩短，NPS（Net

第 2 章
基于 AI 的人力资源

Promoter Score，净推荐值）增加一倍，求职者与职位的匹配度也显著提高。

IBM 人力资源部门的人工智能聊天机器人。IBM 开发了可供人力资源职能部门与各领域员工全年使用的聊天机器人。例如支持员工做出福利登记决策，支持经理制定薪酬计划，这两项工作都规定有时间期限，而且使用率较高，因此需要快速对用户问题做出答复。有些聊天机器人在一年中的某些时段比较忙碌，如绩效管理、福利登记和薪酬规划聊天机器人。IBM 还推出了一些全天候机器人：一周七天，一天二十四小时全年待命。IBM 广受欢迎的新员工聊天机器人就是一个典型的例子。它是 IBM 最繁忙的聊天机器人之一，每天平均回答 700 个问题。如果员工有问题不知向谁求助，就可以找新员工聊天机器人帮忙。IBM 使用聊天机器人的目的在于：快速准确地解答员工问题，同时减少人力资源部员工的工作负担，让人力资源专业人士专注于专业领域，而不是疲于应付烦琐事务。

AI在e-Learning中的应用

阿里云大学利用人工智能开展在线教育。阿里云大学提供丰富的开发者培训课程，并提供虚拟上机试验，最后受训者通过远程摄像头监控网络考试，考试通过者自动签发认证证书。笔者通

AI+HR
智能招聘：人工智能浪潮下的招聘大变局

过一次从选课、学习、上机实训、结业考试，到认证书的体验，全程体验良好。

图2-12　阿里云大学首页

图2-13　阿里云大学选课页

第 2 章
基于 AI 的人力资源

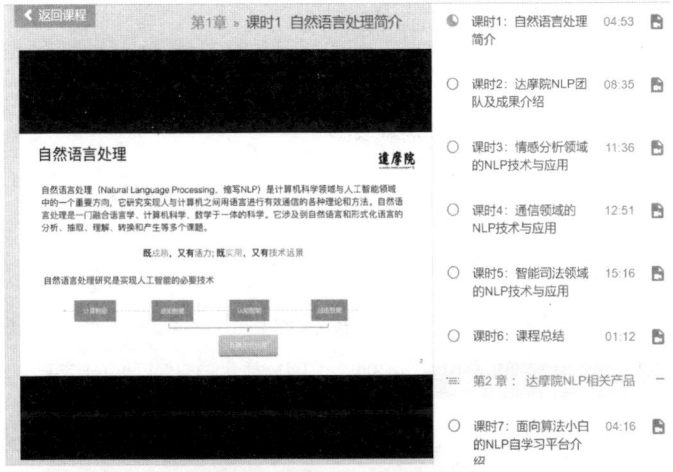

图2-14　阿里云大学学习视频

图2-15　阿里云认证证书

类似阿里云大学的网络培训模式，有百度云智学院、网易云课堂等一大批基于云的培训机构，均提供课程筛选、学习、试验、考试、取证等阶段的在线服务。

AI在背景调查中的应用

在中国，政府公务人员的背景调查已经做到无懈可击、毫无纰漏。因为，政府机关的人事部门（相当于企业的人力资源部）具有详尽的人事档案，从公务员的出生、小学到大学的教育情况、能力等级、思想表现，以及参加工作后的表现、工作调动情况都有详细的记载，若部分涉及机密的职位需要全面了解，人事部门就会以"考察"的方式实地调研。此外，干部提拔时，须进行一轮公示，对公示期无异议的人员才进行正式任命。可以说，政府公务员的背景调查已经做到了完美的地步。国有企事业单位人员背景调查基本上是沿用政府的做法，虽然无须像政府一样做到面面俱到，但也一定要调取待聘人员的纸介质原始档案。所以也无须过多地解释、说明。

本节所讲的背景调查，是针对民营企业。民营企业一般不具备档案管理权，加之人员流动比较频繁，所以无法也无须实施像政府一样做"背景调查"。民营企业的背景调查主要是招聘经理们与求职者原单位领导（或相关知情人）通过电话问询的方式进行。笔者虽然已经离开上一家企业，但经常会有民营企业、外资企业人力资源部员工，或者猎头公司的顾问们致电询问"某某

第 2 章
基于 AI 的人力资源

的有关情况。这种模式虽然是民企常态，但由于获取信息不全面，以及被征询者的个人偏见，造成背景调查的部分失真，直至招聘无效。

基于大数据、AI 的背景调查原理很简单：专业背景调查公司通过 API（Application Programming Interface，应用程序接口）形式与数据机构进行数据验证求职者信息。例如：

①利用 API 验证求职者的身份信息。如年龄、出生、民族等基本身份证信息，可以经过求职者同意后，通过 API 的形式验证求职者的真实身份。API 接口数据来自公安部门。

②利用 API 验证求职者的学历学位信息。通过调用大数据公司开发的学历查询接口来验证求职者的学历真伪。API 接口数据来自学信网、国务院学位办或教育部留学服务中心。

③利用 API 验证求职者的履历信息。通过社保数据接口，企业 HR 会了解更多的信息。目前，这个接口是了解求职者工作经历是比较有效的方法，虽然有些社保缴纳单位信息与实际工作单位不一致的情形。该 API 接口信息来自社保部门。

④利用 API 验证求职者职业资格信息。国家职业资格网、会计师协会、工信部等部门均有大量的关于个人的资格证书信息，有的提供了查询接口，如人力资源管理师、教师资格等、车钳工等等。该 API 来自各相关部门的数据。

AI在其他HR业务中的应用

AI在人力资源招聘、培训、薪酬福利、绩效考评、职业测评等业务模块中陆续得以应用，接下来的情商（情绪智力）管理、职业生涯管理、健康管理，以及HR协同分散办公也将快速发展起来。

正如美国招聘公司Pymetrics所坚持的观点一样，招聘单位招聘的是能够完成既定工作任务的员工而非履历光鲜的"人才"，那么隐藏在求职者内心的"情绪智力"是否影响着一个人的潜力？总部位于美国犹他州的HireVue是一个网络招聘平台，它们利用AI手段，通过分析被测试者的视频、音频和语言综合分析被测试者的情绪和情商情况。在这之前，使用传统的手段测量一个人的情绪智力是一件极其费劲的事情。

小结

人工智能使机器有了AI的"灵魂"，从此之后，冰冷的机器不再仅仅是为人类卖命、只干体力活的"怪物"，它开始替人类"思考"甚至帮助人类算账、决策，甚至于替代人类想做的所有事情。它的出现，还将掀起"让机器变成人"的热潮，彻底结束"让人变成机器"的历史。

2.4　e-HR与AI-HR的区别

没有比较，就没有"伤害"。AI-HR出现之前，e-HR留给人们的印象是"高大上"，与AI-HR相比较却露出诸多"硬伤"，但并不能因此而废除掉e-HR，因为它仍然是AI-HR的基础，只不过领衔者换成AI-HR罢了。

犹如马车时代困扰伦敦的"马粪问题"在汽车时代无须解决而"自解"一样，企业人力资源领域长期累积的"顽疾"也将在人工智能时代"荡然无存"。

传统的纸介质模式

在人事业务信息化之前，人们都是使用纸介质保存员工档案，包括员工的简历、奖惩、职务及工资福利，全部停留在一个档案袋里，那时更不会有网络审批。如果你要找领导批准一个员工的转正手续，恰好领导又不在办公室，那你只有手拿一沓文件在领导办公室门前苦等了。目前政府部门及国有企事业单位仍然沿用这种工作模式。

图2-16　人事档案室

MIS 和 HRMS模式

20世纪70年代末,基于DOS版本的单机版软件开始用于人事管理,被人们称为人事"MIS"(Management Information System,管理信息系统,简称MIS)。人事管理的MIS时代,就好比今天用Excel来管理员工档案、造发工资一样。虽然是单机版系统,但对于纸介质来说是个巨大的进步,一来检索及查询方便,二来人事文件不再堆积如山。后来人们对微软公司推出的Excel电子表格大为青睐,一夜之间成了人事部门的MIS系统,几乎任何一家公司都在使用它记录员工的档案信息、计算考勤和工资等。

进入20世纪90年代后,人力资源理论浪潮席卷企业界,并伴随着网络技术的发展与应用,C/S(Client/Server,即客户机/服务

第 2 章
基于 AI 的人力资源

器）或 B/S（Browser/Server，即浏览器/服务器）架构的网络化人力资源管理系统相继诞生，而且得到了一定程度的推广和运用。这一阶段的管理软件，着重于人力资源信息的采集、维护功能，主要体现在人事档案模块、考勤模块、薪资计算模块等，被人们称为"HRIS"（Human Resource Information System，人力资源信息系统）。随着人们对人力资源认识逐步深入，以及"人力资本"的提出，企业对人力资源管理系统的要求就不再限于简单的信息采集和维护，而要进一步地对这些"资本"进行数据挖掘，依靠各类管理模型和工具，开始提供招聘、培训、绩效、福利、激励、文化、雇员关系等实施优化管理、智能化分析，以响应战略决策的需要。于是"HRMS"（Human Resource Management System，人力资源管理系统）逐渐被人们所接受。人们将人力资源信息系统称为"HRIS"、人力资源管理系统称为"HRMS"，但时至今日二者的功能趋于一致了。

e-HR是人力资源全面信息化的过程

2003年左右，随着网络技术快速迭代，移动互联开始发力，人力资源信息化也进入到e-HR时代。一个试图取代"HRMS"的"e-HR"，成为当时人力资源领域内最热门的话题之一。IBM公司甚至将自己的人力管理套件标称"IBM e-HR"，微软公司也推出了的"IWS-HER"。

那么，到底什么是e-HR呢？即：利用IT技术手段将人力资源的各种活动整合到全面的、具有互动功能的人力资源业务系统。"HRIS"和"HRMS"都以信息储存为主，强调的是组织中的某一个部门或某些人对人力资源业务进行局部的处理，缺乏全员互动（信息交互）。而"e-HR"则是以静态信息存储为基础，更加强调和关注与员工、经理人的动态互动性，即实现人力资源的"自动化"。在"e-HR"概念里，引入了"电子商务""以员工为中心""人力资源业务流程优化（BPR或BPI）""虚拟人力资源经理"等全新的人力资源思想。它利用各种IT手段和技术，如"互联网""远程考勤机""职业测评""移动终端""多媒体呼叫中心""电子货币""电子奖励"等来为e-HR助力。在笔者看来，e-HR必须拥有基础的招聘、测评、考核、薪酬、培训等功能模块，然后将使用者扩展到非人力资源从业者，共同完成整个人力资源业务流程。毋庸置疑，"e-HR"进入了全面发展阶段，它甚至代表着一个企业管理水准高低的标志，最终演变为企业是否成熟的记号。e-HR相较之前的人事或人力资源信息化，有如下特征。

①基于动态和协作下的网络环境，满足非人力资源团队的全员参与需要。

第 2 章
基于 AI 的人力资源

②实现内部人力资源作业的流程化和自动化。

③实现与外部专业机构的信息交互,如接收简历、候选人背景调查报告等。

AI-HR是人力资源各项业务智能化过程

与e-HR不同,AI-HR是利用人工智能技术实现人力资源业务自动化运行的系统。如采用智能助手与求职者进行初步互动,从而筛选出符合要求的求职者,不但节约了人工成本,其惊人的处理速度、大数据处理模式等被人们所称赞。AI系统对求职简历进行全面、批量地分析和筛选,而不是利用人工逐一筛选;AI系统对求职者进行智能面试、测试,而不是用人工"你一句,他一句"地进行测试、考试等。在AI-HR之前,不管人力资源信息化运行得多完美,都不可能实现代替人工操作的可能。

AI-HR与e-HR的区别

总结来讲,e-HR与AI-HR的不同之处,主要体现在如下几点。

①AI-HR可以替代人工,甚至超越人工的能力,而e-HR不能替代人类工作。

②AI-HR处理业务效率高,几乎不需要时间,但e-HR效率

还是人工效率。

③AI-HR可以并行处理业务，如一个智能互动助手可以和无数个求职者同时交流。

④AI-HR客观公正、不带个人偏见，没有歧视，而e-HR的偏见就是人类自己。

⑤AI-HR可以处理e-HR不能处理的业务，例如视频简历、音频测评等方面业务。

表2-2　　　　AI-HR与e-HR特性比较

功能特性	e-HR	AI-HR	备注
替代人工方面	无法替代	可以替代	AI下简历分析机筛选，职业测评均是无人监督情况下AI自动完成
效率方面	效率=人工效率	效率极高，某些业务处理的时间几乎可以忽略不计	人阅读一份简历耗时5分钟，AI每分钟阅读10000份简历，是人工的5000倍
并行处理能力	只能逐项、逐级处理	同时处理全部HR业务	如处理求职者来信，e-HR只能一个个答复，而AI-HR智能助手可以"一对多"同时处理
公正性方面	e-HR带有个人偏见，或歧视	无偏见、无歧视，一视同仁	AI按照既定工作要求和标准执行任务，结果一致。而换作不同的人工结果可能不同，甚至带有偏见
新业务能力	不能处理AI下的任务	可以处理所有新、旧业务	如情绪测量、幸福指数、求职反馈等智能化、数据化业务

第 2 章
基于 AI 的人力资源

此外，我们可以通过了解e-HR与AI-HR在处理招聘业务流程时的表现，也可以看出e-HR只是线上录入信息，线下仍然需要手工操作，流程的节点也很多，即必须一步步来。但对于AI-HR处理招聘业务，原则上可以一键完成。好比是以前的小额贷款，贷款人先要到银行提出申请，银行经过查征信、审批、放款等流程，一般需要7个工作日，而现在的流程是：申请人只要在手机上简单操作几下，15分钟就完成了从申请到提现的所有流程。e-HR与AI-HR的流程区别见图2-17所示。

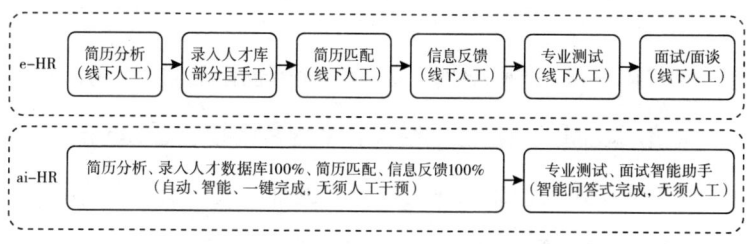

e-HR	简历分析(线下人工)	录入人才库(部分且手工)	简历匹配(线下人工)	信息反馈(线下人工)	专业测试(线下人工)	面试/面谈(线下人工)

ai-HR	简历分析、录入人才数据库100%、简历匹配、信息反馈100%(自动、智能、一键完成，无须人工干预)	专业测试、面试智能助手(智能问答式完成，无须人工)

图2-17　e-HR与AI-HR的招聘流程图

总之，AI-HR的本质是利用AI系统替代人类处理部分或全部HR业务，甚至用它开发或处理e-HR无法企及的新业务，而e-HR所涉及的业务归根结底还是由人来处理，亦即：e-HR还是要依赖人工处理HR业务，而AI-HR就是用AI模拟人类处理HR业务的系统，可以辅助人工、也可以替代人工。

2.5 传统招聘模式的缺陷

信息过载下的束手无策

互联网浪潮将我们从信息匮乏时代带入信息过载时代。

2012年闯进人们生活的微信，以免费的电话、短消息、短视频、朋友圈等为产品主诉功能，一夜之间成为中外华人手机中的标配APP，微信让渴望沟通的人们享受到了巨大福利。在中国，相当一部分企业在利用微信开展商务交流和员工之间工作信息传递。有利必有弊，便利之时，人们的烦劳也接踵而至。拿笔者举例，微信朋友圈人数达1200余人，平均每天接收近100条左右信息，回复50条左右信息，还要接听或拨打出去10余个微信电话。阅读或处理这些信息，每天平均耗时2~3个小时左右。这还不包括信息量更大的同学群、同事群、部门群、专业群、家长群、学习群等数十个微信群发出的信息。如若做不到合理控制，再被吸引到短视频、标题新闻、励志专题，恐怕24小时就会被微信夺走了。微信，俨然成了信息大爆炸时代的重要标签。

有关招聘类的信息，也出现了不同程度的信息过载现象。笔者曾经通过某招聘网站发布一个财务主管的招聘信息。一周之后，通过该网站的主动求职者投有80多封简历，来自该网站自动

第 2 章
基于 AI 的人力资源

推送"被动求职者(指网站单方面推送)"简历20余封;由于国内上百家招聘网站相互采集公开的招聘信息,以至于也收到了来自这类招聘网站自动投递的200多封简历和求职者本人投递的简历30余封。据粗略统计,该职位收到330余封简历。这是一个职位收到的简历数量,10个职位呢?100个职位呢?如果这些求职者的简历每封都必须仔细阅读、每个求职者都要进行面试、测试、考试、复试,以及背景调查,这将是多么大的一个工程啊!招聘人员面对大量的求职者,筛选人才的策略是什么呢?

HR经理注意力被屏幕夺走

在现实生活中你可能会遭遇到半个小时的酒店退房。你推着行李箱到酒店前台办理退房手续,先把房间门禁卡交给前台工作人员,工作人员核对你的房间号,无误后电话通知客房服务员查房,客房服务员将物品清单逐一核验后反馈给前台,前台结算你的房费、退还押金,这才算完成退房完毕,整个过程差不多需要15~30分钟。有些酒店的入住、退房手续可能更为繁杂,所以没有半个小时就下不来。

笔者并不是要搞清退房流程,而要说的是前台服务员为何时刻盯着电脑屏幕?招聘经理、绩效经理、薪酬预算经理、培训经理们,难道不像酒店前台服务人员一样时刻都在盯着电脑屏幕吗？惊人的相似，他们一个个被e-HR流程牵引成了机器人！管理系统将业务流程固化，使业务处理变成标准化，而为这个标准化付出的代价就是流程节点的岗位责任人"困"在电脑屏幕前。是流程，用一条绳子把人拴了起来。像人吃感冒药一样，管理信息系统在提供标准工作流程时也出现了它的"副作用"。

HR经理无法聚焦人才引进工作

根据第一章内容，我们得出人力资源工作的核心或关键业务是人才招聘和绩效评价。但在现实中，多数人力资源部的业务比人们想象的要杂乱、臃肿。传统入职、晋升、转正、请假、退休等大批事务性工作需要人力资源部不间断处理和跟踪，薪酬福利、绩效考核、员工培训、职业辅导、奖励惩处等激励性业务或政策自然是人力资源部的分内业务，有些公司的人力资源部还承担诸如工会、行政接待等后勤事务，再加上人力资源部不能像其他业务部门一样可以体现业绩，久而久之就形成了不分主次"眉毛胡子一把抓"的局面，人力资源部逐渐沦落为后勤保障部门，最终导致无法聚焦核心的人才引进业务。

人力资源部被繁杂的事务性工作压得喘不过气来，加上缺乏大数据、人工智能技能，重要的招聘工作也日益变得断断

第 2 章
基于 AI 的人力资源

续续。是时候重新审视人力资源部的工作了，使命、意义、地位、重心，需要HR经理们重新聚焦人才引进工作，因为这才是正道。

2.6 智能招聘的优势和现实意义

高效、并行

AI智能招聘的第一个优势就是高效率，甚至不占用时间。譬如，它可以在10000份简历中快速计算出最适合职位要求的人选，计算过程一般不超过3分钟。如果采用传统人工筛选简历，10000份简历需要一个人看上一个月。在招聘广告发布后，多数求职人员会在投递简历之前提出问题或疑问，希望与招聘人员交流，这个最基本的要求似乎没有可能了（传统人才市场求职模式可以当场答疑）。笔者至今还没有见到像IBM、联合利华、微软、阿里巴巴、腾讯等大公司有人力资源专人与求职者在线答疑，更别说中小企业了，恐怕连招聘信箱也不会留下。而智能招聘，则可以完美解决人力资源部与求职者的在线交流，而且可以实现一对多的交流（即AI并行答疑，类似CPU的多核运行之意）。

AI+HR
智能招聘：人工智能浪潮下的招聘大变局

专业、权威

AI招聘的第二个优势就是专业性强。如今的人力资源部门，居多是一般性HR业务服务，很难做到引领企业发展的作用。另一方面看，人力资源经理群体并非专业技术出身，对专业技术岗位、市场、财务等岗位无法做出准确判断。所以，实际工作中涉及专业性较强的岗位招聘基本上通过用人部门进行筛选、测试和面谈了，人力资源部仅仅承担了招聘信息发布、办理新员工入职手续而已，至于专业技术性岗位的绩效考评更是不能领衔了。高远的职业使命与现实的"修修补补"形成了巨大反差。

随着AI技术在招聘场景中的不断深入应用，这一难题终将破解。比如，让拥有专业话术数据库的AI机器人与求职人员互动答疑就是最完美的解决方案。此外，你也可以赋予AI的出题、判分功能，这样AI系统就可以随时随地替代专业技术人员来考问求职者关所涉及的技术问题了。不管是算法类问题，还是一段java代码、系统思路，或者是最新的建筑材料，抑或是求职者的三观问题等等，你都可以教给机器人来学习、训练。人力资源部一旦拥有多项知识储备的智能招聘机器人，今后的招聘工作就不再完全依赖于专业技术部门了。

第 2 章
基于 AI 的人力资源

准确、全面

笔者最近几年与诸多人力资源专家或招聘专家进行过无数次的探讨或争论：在人员招聘上，AI与人谁最准确？

笔者也曾经做过一次10组规模的人机竞赛：由经验丰富的招聘经理与机器人比试谁筛选出的简历快、匹配的求职者最适合职位要求。经过一个小时的角逐，答案揭晓：招聘机器人一秒钟内完成10份简历的分析，并按照匹配度值将10份简历由高到低进行了排序；AI完成任务后30分钟，人工有6组找出了与AI相同的人选，另外4组匹配出了其他求职者的简历。后经集体评议，一致认为AI和其中6组选出的人选与职位匹配度最高，但AI用时最短。

值得一提的是，AI招聘机器人，不仅可以全方位分析一个人的简历。性别、年龄、学历等，求职人的原单位工作经历、取得的成绩，以及上级对其的评价、求职意向、职业资格等多达上百项信息，均可交由AI系统的一整套算法来完成。对于传统的人工招聘，很难做到这么全面、精准。

缩短工期、降低成本

重复性的、大量的工作面前，AI机器人毫无悬念地远超人类。当你发布10个招聘职位时，可能当天会有1000个求职者欲咨询诸如工作地点、工资奖金、期权股票、转正晋级、假日福利、工作休息时间、招聘流程等上百项问题，这时人力资源部只要启动AI招聘机器人，就能实现"以一当万"的效果了。即使在测评和面试阶段，仍然交给AI招聘机器人，它24小时不停歇地向分布全世界的求职者出题、收卷、给分等。人力资源部当天发布招聘信息，很有可能当天就找到了最想要的人选。AI招聘除了能够大大缩短工期外，还可以大幅度降低招聘成本。特别是求职者距离人力资源部较远的情形下，一般还要由人力资源部向求职者事先支付一笔车旅费用。当然，财务成本相对于时间成本可以忽略不计，延期招聘对企业来说才是致命的。

消除偏见、彰显公平

以往绝大多数餐饮企业的后厨皆以"厨房重地、闲人免进"式的吊牌将消费者拒之门外，消费者对后厨的卫生状况、食材真假一无所知。而近几年来，一些连锁餐饮企业为了宣示卫生、诚信及童叟无欺的理念，纷纷以透明玻璃或无隔墙形式让消费者近距离观看厨师们的一举一动。毫无疑问，这是餐饮业的一大进步，至少是餐饮经营企业真正开始关注卫生、食材质量了。

对于招聘工作来讲，挡在求职者面前的"吊牌"远不止一个,"领导决定的""用人部门决定的""我们暂时调整了招聘计划""不好意思我们招满了",诸如此类的借口成了招聘工作中的"挡箭牌",而这在求职者看来就是"暗箱操作"。利用AI智能招聘系统,在求职咨询、简历分析、智能匹配、职业测评、潜力挖掘、出题打分、智能面试等所有阶段,AI都会一门心思地执行"命令",毫不"隐瞒"自己的"观点"。AI智能招聘的介入,如同餐饮业拆掉了那堵"闲人免进"的吊牌,让"暗箱操作"成为历史。

经理人回归

会议多,是管理系统无效的标志,各就各位才是本色。笔者曾接触过一家银行企业,营销一线员工的工作非常程式化。早上上班有早会,下午下班有总结会,期间可能会有分析会、碰头会、汇报会、协调会等各种名头的会议。几乎每天一半的时间在开会。高级经理们的会可能更多,甚至有的经理层向笔者抱怨每天最难熬就是长达8个小时的会议。笔者也有类似的体验:在做最底层员工时,总在等待领导散会签署一批文件;做中层经理时,先听完上面的会、再召开下面的会,自己的工作挤时间、甚至加班来完成;做高层时,想开会就开会、能开会就开会。事实上,绝大部分的会议是不需要开的,甚至是没有意义开的。当前，文山会海、各种信息满天飞、各种总结汇报都要一一应对和化解，招聘经理能挤出时间，静下心来分析简历、与求职者面谈的确不易。AI智能招聘最重要的功能之一，就是把人力资源经理从大量的求职者信息中解脱出来，利用AI的分析、决策功能，在招聘业务中快速行动，即时决策。

小结

面对日益壮大的数据、闪电般的商务竞争、日新月异的产品迭代、见异思迁的客户，即使企业原来再健全的IT系统也无法在新时代保证获得竞争优势。同样，传统的人力资源理念、工具和系统，无论再怎么优秀也无法面对大数据的重负和人工智能时代的冲击。之前，人们把"大海捞针"看作是"异想天开"，如今，利用AI的洞察能力，在大数据里分分钟找到最合适的人才已经变为现实。经理人的天性懒惰、招聘人员的个人偏见甚至是误导，在人工智能面前将会被一一识破或成为历史。

第 3 章
智能招聘基础

3.1 组织架构设计

3.2 岗位架构设计

3.3 绩效薪酬架构设计

3.4 薪酬调查

3.5 招聘组织

第 3 章
智能招聘基础

工欲善其事，必先利其器。

相较传统人工招聘模式，智能招聘对事前的准备工作要求更加细致和全面，因为再智能的系统也都要按照人们既定的程序和意图执行，特别对于所招聘岗位的胜任力模型设计、薪酬福利设计、绩效评价设计，以及工作内容及职责设计，须系统化、数据化呈现，让智能招聘忠实地执行招聘工作要求。招聘成果一方面跟AI系统有关，另一方面跟招聘的业务密切相关。

3.1 组织架构设计

组织架构是企业部门设置、岗位授权、工作流程等的运作框架，主要基于效率和权限授予两个基本点而展开，其组成形式决定了该企业的运行效率，也体现了权利授予的程度。特别是加速度发展的高新技术企业，需要设定组织架构的快速响应，以适应经营发展需要。

充分授权

权力。权力是政府或公共机构拥有和行使的强制性力量，是一些人对另一些人造成他所希望和预定影响的能力，例如钞票的发行权、军队的指挥权、行政干预权、司法权等等。所以，除政府以外的个人、企业等其他社会组织没有任何权力。

权利。权利一般是指法律赋予人（法人和自然人）实现其利益的一种力量，是法律赋予权利主体作为或不作为的许可、认定及保障。例如人们就业的权利、劳动收入的权利、员工休息的权利等等，所以权利比权力更广泛。在企业经营管理领域，我们平常所讲的"权利"不是"权力"。

表3-1　　　　　　　　权力与权利比较

类别	拥有者	授予者	对等性
权力	仅限政府	自动拥有或法律授予	单向、不对等
权利	任何组织和个人	法律授予	权力与义务对等

权利具有二重性，即权利与义务（或责任）相对应，有什么样的权利、就有相应的义务，或者说权利人具有多大范围的权利，相应地他就要承担相应范围的义务（责任）。基于权利和义务的对等性，作为企业管理层或组织架构设计人，应当充分地将权利（义务）分配相应的部门或岗位，而不是集中到某个人或某些人身上。有证据表明，充分地授权有助于组织绩效的提升和效

第3章
智能招聘基础

率的提高。

由于权利具有二重性，领导向下属授予权利（或称分权）的同时，实质上也是在向下属移交"责任"。所以，充分授权的领导可最大程度地发挥员工的工作积极性和主动性，反之把权利视为"权力"、谨慎授权的领导，会限制员工的能力发挥，进而影响组织的绩效。在笔者看来，企业经营管理活动中常见的一些所谓的"权利"其实没有必要存在，至少属于权利体系当中级别较低而不应当成为中高层"手中"的权利，比如缴纳税款的"审批权"、员工的社保新增"审批权"等。

综合来看，广泛地向员工"授权"不但可以提高员工的工作积极性、组织运行效率，同时可以改进工作流程或优化组织架构。

简化流程

一个企业的工作效率，往往受限于管理层对权利的理解程度及权利授予的等级。比如招聘一名普通的工人，最终审批人是车间主任、厂长还是总经理的问题。如果是总经理，那么流程就需要设置三级，效率自然就低；假如最终审批权授予厂长，效率就相对高一点；倘若将普通工人的最终审批权授予车间主任，则效率最高。相应地，最终审批权的流程设置也跟随权限授予的不同而制定。

所以，我们说权限授予决定流程设置、流程设置决定办事效率。从普遍意义上来看，企业的流程越长（流程节点数），说明授权层级就越多，企业高层对"权利"的理解越趋向于"权力"化，企业的运作效率就越低，而反映在组织架构设置上，就显得臃肿或官僚化。

表3-2　　　　　　　流程改进前后效率对比

权利	改进前流程	改进后流程	更改
工人录用	①车间主任 ②厂长 ③总经理	车间主任审批	流程减少、效率提高
社保审批	①人事主管 ②人事总监 ③总经理	取消审批权	中间流程取消、效率提高
绩效评估	绩效考评委员会或上级部门	取消评估、打分流程，AI智能接管	中间流程取消、效率提高

总之，让业务的流程节点尽可能变少，让流程的完成时间尽可能压缩，甚至让一些业务流程实现电子化、自动化或智能化，是企业经营管理者的一项重要使命。

构建虚拟部门

社会分工越来越精细的今天，企业组织不再是"麻雀虽小五脏俱全"，而是以各种组织形态游走于社会经济活动中。技术研

第3章
智能招聘基础

发、产品制造、售后服务、市场推广、产品销售、客服服务、财务资金、人力资源、行政后勤等所有的业务单元均可外包给优质的协作机构，自然这些部门也可在组织架构内被省略掉。为了更好地利用这些优质资源，企业有必要按照现有机构的某些功能管理这些外部协作机构，进而成立虚拟部门。

例如：企业原有的司机岗位负责迎来送往、车辆维修等工作，由于工作相对杂乱、工作任务随机性强，其绩效评价等就很难实施。假如将司机岗位虚拟化（即社会化）会怎样呢？

改进：迎来送往的工作全部委托给滴滴出行，一来企业可省掉车辆及其配套成本，二来多部门可以同时借滴滴专车出行、提高团队效率，另外还可以在滴滴出行管理后台查验员工出行轨迹，并按时汇总出行数据和出行成本，一举多得。

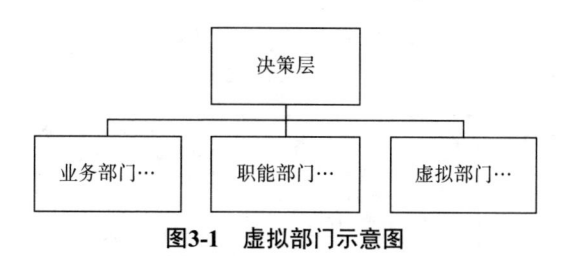

图3-1　虚拟部门示意图

尽可能地利用组织外的优质资源，并将这些资源按照组织内虚拟业务单元管理，是未来企业降低经营管理成本、防范组织风险、提高经济效益的关键要素，也将是未来企业组织架构创新的一大特色。

构建居家办公体系

为全职员工搭建分散工作体系（或居家办公），将是未来企业间的又一次赛跑。居家办公体系对企业业务架构、IT系统、业务API等要求较高，绝不仅仅是传统OA系统能达到的。例如远程签到系统，应实现员工GPS定位、AI场景识别（识别家庭某些位置）、刷脸等技术的综合应用；远程会议系统，应保证语音、视频、文件处理的同时进行；工作协助系统，如实现远程协助设计、工作复核、工作追踪等功能；工作分配系统，实现目标分解到指标，再由具体指标到具体岗位责人，等等。

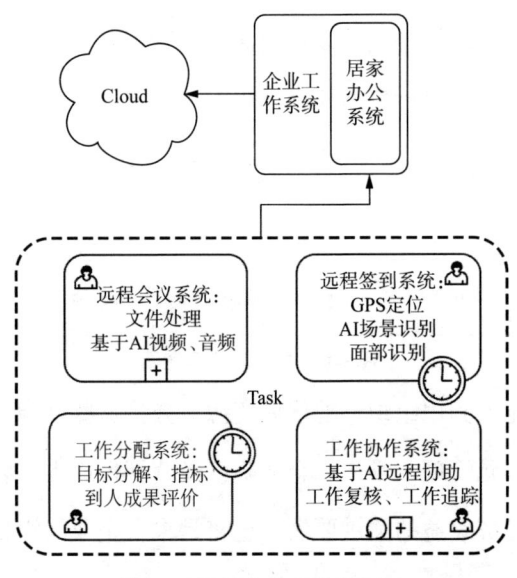

图3-2 居家办公系统示意图

第3章
智能招聘基础

分散式居家办公与传统积聚式集中办公相较有如下优势。

①节约交通时间。一般而言，大约每天避免浪费约近2小时左右的交通时间。

②节约企业成本。如午餐费、物业租赁费、办公费、办公设备投入等成本。

③利用员工时间碎片。员工可以利用节假日等非正常时间、零碎时间完成工作量，同时节约加班费等费用。

沟通频道

设计组织架构时还应考虑另外一个重要因素：人数。当一个企业只有创始人一个的时候，企业的组织架构可以不用设计；当企业人数达到10人时，就应当给予相应的分工、授权；假如企业到了1000人的规模，充分授权就变得异常重要，而且要设计层级，否则企业的效率将极其低下。那么，人数是如何影响组织形式的呢？

我们采用沟通管理中沟通频道的计算方法来制定部门的最佳人数：

当一个主管人员，没有直接下属的情况下，其沟通管理频道数为0；如果有一个下属的情况下，其沟通管理频道数为1；假如有2个下属的情况下，其沟通管理频道数为3；假如有3个下属，则沟通管理频道数为6。根据总人数N，则有沟通频道数X=N（N–1）/2，见图3-3所示。

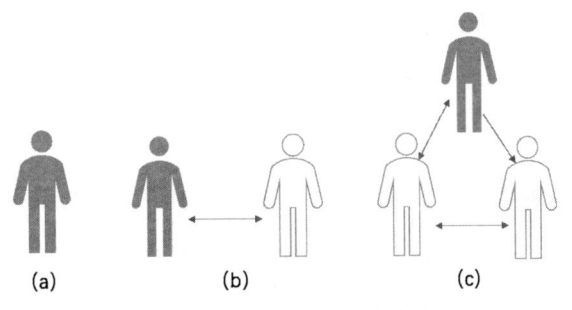

图3-3 管理人数及沟通频道（1）

根据公式，当下辖人数大于2时，沟通频道数急速增加，当下辖人数为12，团队总人数为13时，沟通频道数为X=13×（13-1）/2=78个，见图3-4所示。

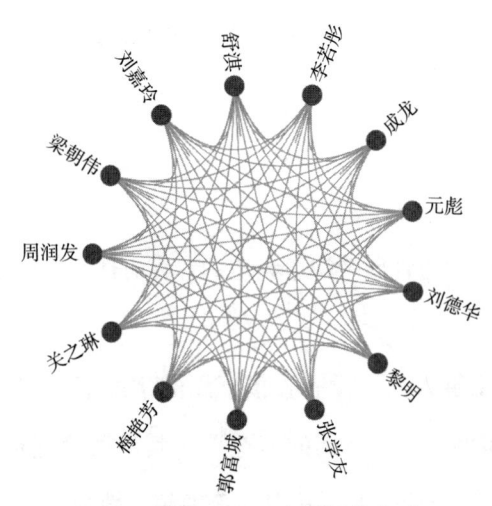

图3-4 团队人数及沟通频道（2）

第3章
智能招聘基础

依据已知数据，一个合理的小团队的沟通频道数控制在70个以内最佳。频道数越少，沟通越畅通、沟通效果越好；反之，沟通频道过多，团队管理难度加大、信息容易失真，管理容易失控。

根据公式X=N（N-1）/2，我们可以推导出：

$$N=12.35 \approx 12（人）$$

即，一个理想的团队应该是12个人以内。推而知之，一个高效的董事会，董事数量应该控制在12个人以内；一个CEO，直接管理的业务系统或部门不宜超过12个，一个部门经理，最多下设12个主管经理，每个主管经理最好将自己的小团队控制在12个人以内。

组织架构体现一个企业的营运效率或经营模式。科学、合理地设计组织架构，以及适时调整组织架构以适应经营技术的变化是一项重要的战略性工作，应当引起管理层重视。

组织规模两极分化

全球企业团队规模正呈现两极分化态势发展，即大企业越大，小企业越小。麦当劳公司目前在全球拥有37000余家餐厅，员工规模50余万人，这么超大规模的企业仍然在成长中，仅在中国，它们计划5年内还要增加2000家门店；美国高科技巨头谷歌公司目前已有10万余名员工，但它仍处于快速扩张的跑马圈地过程。相对超级规模企业继续增大，小微企业也将越来越多，甚至小到1个人。大数据、人工智能产业的崛起，将赋能更多的小微企业产生，比如现在靠API（Application Programming Interface，应用程序接口）、AI算法生存的一人公司开始曾多，他们靠某一细分领域的一项技术就能管理好业务、交易和技术维护，成为社会经济的一部分。在人才中介行业，一旦大数据及人工智能平台形成，一个人的猎头公司、劳务公司，以及职业介绍或经纪人会迅速得到发展。

  大企业继续变大，小微企业越来越多，经济因素很多，但有个重要因素是明确的，那就是管理的信息化。管理的信息化，让管理者逐步认清了管理的本质就是系统设计。当大数据决策、商务智能化时，管理就被整合在一个数学模型里，或以某个算法而存在。即管理从人治（个人权威）走向法治（集体智慧），再从法治走向数治（数学模型或算法）。基于此，笔者认为企业规模走向两极分化的主要动力在于管理已经走向了信息治理阶段，如图3-5所示。

图3-5　企业治理模式变迁示意图

第 3 章
智能招聘基础

组织架构形式

理论上企业组织架构被分为直线制、职能制、直线—职能制、事业部制、分权制、矩阵制和扁平式等多种呈现形式,但在笔者看来,基本上都可以按照授权程度(或多少)分为集权制和分权制两种。所谓集权制,就是企业的所有者对企业的经营管理掌控意识强烈,表现出亲力亲为的特色,组织架构呈现一人多岗、分工不细致不清晰的情形;所谓分权制,是经营管理权被企业所有者或高层充分授予给下属,并逐级授权的特点,组织架构呈现一人一岗、分工明晰、层级相对扁平的情形。

总之,企业的组织架构形式,取决于企业所有者或最高管理层对企业权利的理解,以及由此而诞生的业务或办事流程。企业组织架构精简、授权明确、流程简洁,那么企业的运作效率就会高,员工的满意度也将随之提升;反之亦然。所以,最理想的组织机构往往源于企业的最充分授权。

在原组织架构的基础上,适当尝试构建"虚拟部门""虚拟岗位""居家办公",以及充分授权、简化流程,构建简洁、实用、高效、安全运行的组织架构,是管理者的一项重要任务。

3.2 岗位架构设计

岗位架构设计，由组织框架及组织目标来确定。例如，一个生产型企业，它的岗位几乎涉及所有岗位类型，从研发、生产，到市场、销售、客服、售后、财务、人力资源等。而有些企业，比如销售代理，核心岗位围绕销售任务或目标设置就可以了，研发、生产、客服等岗位就无须设置了。

岗位设计的原则

基于招聘智能化考虑，设置岗位应遵循以下原则。

①岗位设置要与企业的直接目标、任务匹配。例如产品型企业主要围绕产品设计和技术研发业务设置岗位，销售流通企业主要围绕市场销售业务设置岗位。

②岗位人数、上下级关系、工作关系或对外关系要明确。

③岗位工作内容要体现具体的目标任务、职责等。

④岗位之间不能相容，且体现承上启下的工作关系。

⑤岗位职责可描述、可量化，岗位成果可计量。

⑥岗位工作内容具有日常性，非日常性工作不设置相应岗位，但可设置虚拟岗位替代。

⑦岗位工作内容具有宜人性，即岗位与人格匹配性。

第3章
智能招聘基础

⑧岗位设置应具有前瞻性，而不是仅仅解决眼前工作。

以下为人力资源AI工程师职位设置说明书。

表3-3　　　　　　　人力资源AI工程师职位说明书

职能	描述
岗位编号	HR001
岗位名称	人力资源AI工程师
所属部门	人力资源部
上级	人力资源总监
下级	人力资源BD处理员
联络岗位	信息技术、财务等其他相关岗位
人格适应性	霍兰德：调研型
岗位类别	特殊专才计划
岗位职责	人力资源智能化项目建设、实施
目标任务	①招聘工作的智能化 ②培训工作的智能化 ③绩效、薪酬福利的智能化 ④其他人力资源的智能化项目
关键目标	①实现简历统一化，完成求职简历的自动入库功能 ②实现求职简历与职位要求的智能分析、计算和排序功能 ③实现求AI招聘机器人与求职者的完美对话能力 ④实现AI机器人智能挖掘企业特殊专业人才的功能 ⑤实现KPI智能设置、计算、预警等功能 ⑥实现基本工资、绩效工资等的自动化计算和发放 ⑦实现员工情绪智能化监控以及幸福指数监控 ⑧实现培训工作智能化建设及智能评估 ⑨实现岗位工作内容及标准的持续、智能优化 ⑩实现人力资源AI智能机器人创建、升级迭代 ⑪实现其他人力资源智能业务

续表

职能	描述
胜任要求	①本科及以上学历，软件工程专业毕业，NLP方向博士最佳 ②国内985院校毕业或海外留学背景，有扎实的数学基础 ③男女不限，25～55之间，工商管理及计算机复合背景者优先 ④5年以上计算机软件研发实际经验，其中2年以上主持人工智能系统研发经验，HR+AI方向优先
绩效考核点	①项目建设进度（依照年度项目计划） ②招聘成本环比下降25%（年度，下同） ③招聘效率环比提升25% ④组织绩效环比提升25% ⑤组织绩效评价成本环比下降25% ⑥员工满意度环比提升15% ⑦员工幸福指数环比提升25%

岗位设置的科学与否，直接关系到招聘的工作质量和效率，也是实施和推进智能招聘的基础性工作。

构建虚拟岗位

为顺应时代发展，一些互联网企业纷纷推出了"自雇"式兼职岗位，企业间大批量的兼职岗位应运而生。截至2018年12月，全球最大人才共享平台猪八戒驻有1900万工作接单人、饿了么送餐平台拥有300余万送餐员、美团外卖平台活跃骑手100余万人、滴滴顺风车司机100万、UU跑腿注册跑男100万人。平台所属专职的"兼职"人员，正是这些互联企业通过设置虚拟岗位而构化

第 3 章
智能招聘基础

的，不是平台的"正式员工"，而是正式的"工作者"。

与企业的全职岗位相比，虚拟岗位具有天然的分散协作、分散办公等优势，基本不受某一事件的影响而中断企业的生产经营。例如遇到节假日、恶劣天气、交通管制、突发事件等，虚拟岗位则发挥"最优配置"的功能，通过遍及城市各个角落的触角提供业务劳务活动，从而保证企业运营的如期进行。此外，虚拟岗位使用比较灵活，完全按照"有工作量即上岗、无工作量即待岗"模式运作，来去自由，降低了企业运营成本、提升了运营绩效。

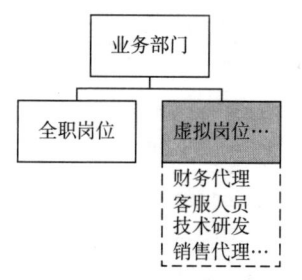

图3-5　虚拟岗位示意图

需要注意的是，设置虚拟岗位时，须将"工作包"彻底标准化，制定合理的绩效管理系统，先进的软件系统，以及供需双方明确的权利、义务关系。

岗位胜任力构成及测量

胜任力，即员工对某一岗位的胜任能力，最早由哈佛大学教授戴维·麦克利兰（David·McClelland）于1973年正式提出，是指"一组相关的知识、态度和技能，它们影响个人工作的主要部分、与工作绩效相关、能够用可靠标准测量和通过培训开发而改善"的个体特征。通俗地讲，胜任力是岗位应当具备的工作能力。

一个人与岗位是否匹配，主要就是考察这个人的胜任能力是否与岗位的要求匹配。狭义上的胜任力，是指工作的胜任技能；广义上的胜任力，包括知识、技能、特质、自我和需求。

表3-4　　　　　岗位胜任力构成

层面	描述	测量标准	开发方式
①知识	个体所具备特定领域内的系统性基础知识	学历/考试/认证书等	知识讲授或个体自学
②技能	个体任职岗位所具备解决实际问题或工作量能力	考核/以往职位成绩或业绩等	模仿/训练/实战
③特质	个体任职岗位所特有的人格或性格类型	人格或职业倾向测评	了解/承认/支持
④自我概念	个体的任职态度，价值观或自我认知	专项评估	文化引导
⑤动机/需要	个体任职所表现出的期望或期待，如薪酬福利待遇、头衔，以及组织认可度等	问卷/马斯洛需求层次理论	文化宣讲

在实际的招聘、培训、绩效评估等人力资源实践中，岗位

要求和个体胜任力不匹配的问题比较常见，如个体远低于岗位要求，造成岗位虚设现象，或个体远高于岗位要求，造成人力资源浪费现象等等。当然，除了知识、技能外，自我概念、动机和需要在"人职"匹配中将扮演越来越重要的权重，这需要引起广大的人力资源工作者的重视。需要注意的是，在招聘前应当为所有待招聘职位设定胜任力指标，制订《职位说明书》，以便于实施和推进智能招聘工作。

3.3 绩效薪酬架构设计

绩效评价

检验一个人是否符合岗位胜任力要求，最直接的方法就是对他的工作结果进行绩效评价，而绩效评价应当围绕《职位说明书》、结合胜任力要求进行。目前绩效考核方法很多，有KPI（Key Performance Indicator，关键绩效指标）、BSC（Balanced Score Card，平衡计分卡）、OKR（Objectives and Key Results，目标关键成果）和WP（Work plan，工作计划）等考评方法。笔者认为，这些方法没有对与错，也没有绝对的好与坏，只有不同的企业或同一企业的不同岗位更适用于某一或某一组合的绩效考评方法。例如，市场类岗位选择KPI、销售类岗位选择OKR、研发类选择WP，等等。

表3-5　　　　　　　常用绩效评价方法

考核方法	释义	优缺点
KPI（关键绩效指标）	按照影响业绩或工作成果的关键要素进行考核指标设置的绩效评价方法	强调业绩，弱化非业绩因素
BSC（平衡计分卡）	按照财务、客户、内部运营、学习与成长四个维度设置考核指标的绩效评价方法	强调平衡，弱化关键因素
OKR（目标关键绩效）	按照组织目标的完成情况设置考核指标的绩效评价方法	强调目标，弱化内因
WP（工作计划）	按照组织或个人工作计划（参照目标、任务）设置考核指标的绩效评价方法	强调计划性，弱化重要节点

经过对比上表可以看出，每种绩效评价方法都有其优势、劣势，而不是哪一种方法最好，使用时应针对企业的特点、岗位性质综合选择绩效评价方法才是上策。另外，在招聘过程中，应当向求职者无保留地明示职位考核方式、考核方法。

还有一点，绩效考评按照月度考评还是按照年度考评？笔者认为，按照月度相对比较科学。一来薪酬福利是按照月度支付，二来考评工具越来越先进，已支持主流岗位按日考核的需要。

薪酬构成

薪酬历来是企业激励员工最重要的手段，薪酬水平的高低、

第3章
智能招聘基础

薪酬结构的合理性直接影响到员工招募和员工绩效评价。广义的薪酬概念比较复杂，包含股权、期权、工资、绩效、奖金，以及带薪假期等项目；狭义的薪酬主要包括员工的基本工资、绩效工资、奖金、福利等项。以下为常用薪酬结构项目，企业可根据不同职位进行有选择地组合应用。

表3-6　　　　　　　　薪酬结构项目

项目	释义	特点	适用对象
期权（或股权）	按照约定向员工授予公司股份或股票	激励的长期性	高级或超级员工，关键岗位
基本工资	按月固定向员工支付的薪酬部分	保障型，周期性	全员
绩效工资	随员工绩效考核成绩而发放的薪酬或奖金，针对销售人员可以是销售提成	激励型，周期性	全员
奖金	随员工工作表现而发放的除基本工资、绩效工资之外的薪酬，不应等同于绩效工资	奖励型，临时性	部分员工
工龄工资	随员工工资发放的福利性薪酬，一般按照月度或年度发放	福利型，周期性	全员
津贴（驻外/交通/职务/职称等）	随员工工资发放的福利型薪酬	福利型，周期性	部分员工

员工福利

员工福利，是企业经营管理成果的重要体现，也是吸引求职者加盟的因素之一。根据福利设置来源，可分为国家强制和企业自愿两种类型，详见表3-7。

表3-7　　　　　　　　　福利项目

项目类型	项目
国家强制性（法定项）	五险一金、高温补贴、采暖补贴、带薪年假、住房公积金等
企业自愿性（自定项）	补充商业保险、免费餐食（或餐饮补贴）、免费住房（或住房补贴）、员工旅游、全勤奖、年终双薪、定期体检、弹性工作制、年终分红、免费班车、加班补贴、节假日福利品等。

讨论1：薪酬是否要保密？

许多企业实行薪酬保密制度，主要源于薪酬制度不完善或员工攀比心理造成不利影响等因素。但对于信息社会而言，薪酬保密是公开的秘密，早已沦为企业的一块遮羞布。所以笔者建议企业一方面要做好科学、合理的薪酬设计，另一方面要向员工和求职者即时展示企业的薪酬水平、薪酬构成，以及绩效评价体系，真正体现"能者多劳，多劳多得"的价值分配理念，至于薪酬是否保密，没有什么意义。

讨论2：福利有必要吗？

薪酬体现了企业成本与员工绩效的对等特性，福利体现了企业对员工的赠予特性。薪酬体系以绩效评价为维护手段，体现出企业的强制性，而福利设置则更多以企业家的社会责任感为依托，体现出企业文化的特色。基于以人为本的理念考虑，企业在设置绩效评价、薪酬制度时，应适当设置一些福利项目来弥补"薪酬—绩效"带来的不足和负面影响，特别是国家强制性的福利项目一定要积极设置。

3.4 薪酬调查

当今的人才市场，很难说有谁来掌控人才数据，因为摆在我们面前的人才数据是客观存在的、不因企业大小而存在的。无论你是一家世界500强还是刚刚成立的创业公司，人才数据都客观存在，不同的是有人能够从这些数据中找到最适合的人才，而有的人却不知如何下手。对于具备大数据知识和技能的人来说，薪酬调查是一件易如反掌的事情。

薪酬调查助手

工欲善其事、必先利其器。如果有一款属于自己的薪酬数据分析工具，对工作将大有帮助。如利用"职位招聘分析器"，对某招聘网站发布的职位数据进行实时跟踪，便可在3~5分钟内实现对某一个职位的薪酬情况进行统计分析。

该分析工具具备如下功能：

①可以采集招聘网站公开的海量职位信息。主要包括职位名称、待遇范围、职位要求说明等信息。

②可以对所采集的数据进行自动分析、自动完成薪酬分析报表、视图的制作。

笔者根据以上要求，设计了一款基于招聘网站的数据采集分析工具，我们暂且叫它"薪酬调查助手"。免费获取该工具可以微信扫描本书封底二维码，同时可获得更多智能助手。

职位薪酬数据分析

下面是使用"薪酬调查助手"对某网站的"人力资源总监"招聘情况进行的数据采集和分析。本工具仅用时3分钟，便将2019年10月1日该网站2015个"人力资源总监"招聘岗位数据进行了完整采集。删除4500元及以下工资水平和其他未标明薪酬数据职位，保留了1842个真实有效职位数。月工资1万～3.5万元左右的职位数量占比约为78.5%，其余职位分布在1万元以下，约占22%，符合帕累托法则，详见表3-8所示。

表3-8　人力资源总监职位招聘数量及薪资水平分布表

薪酬水平（月）	招聘职位数量	占比
5万以上	58	3.15%
4万～5万	48	2.61%
3万～4万	116	6.30%

续表

薪酬水平（月）	招聘职位数量	占比
2万~3万	458	24.86%
1.5万~2万	412	22.37%
1万~1.5万	459	24.92%
0.8万~1万	184	9.99%
6千~8千	68	3.69%
4.5千~6千	39	2.12%

数据来源：某招聘网站。

图3-6是人力资源总监职位招聘数量及薪资水平分布图，薪酬水平中等位（即1万~3.5万之间）的职位数最高，占80%左右。

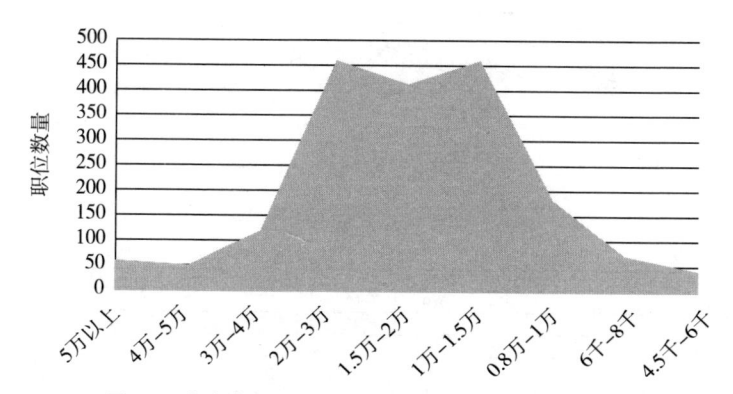

图3-6 人力资源总监职位招聘数量及薪资水平分布图

从城市招聘数量排序上看，上海、深圳、广州等一线城市，对人力资源总监的需求量相对较大、薪酬水平明显高于二线城市。详见图3-7，3-8所示。

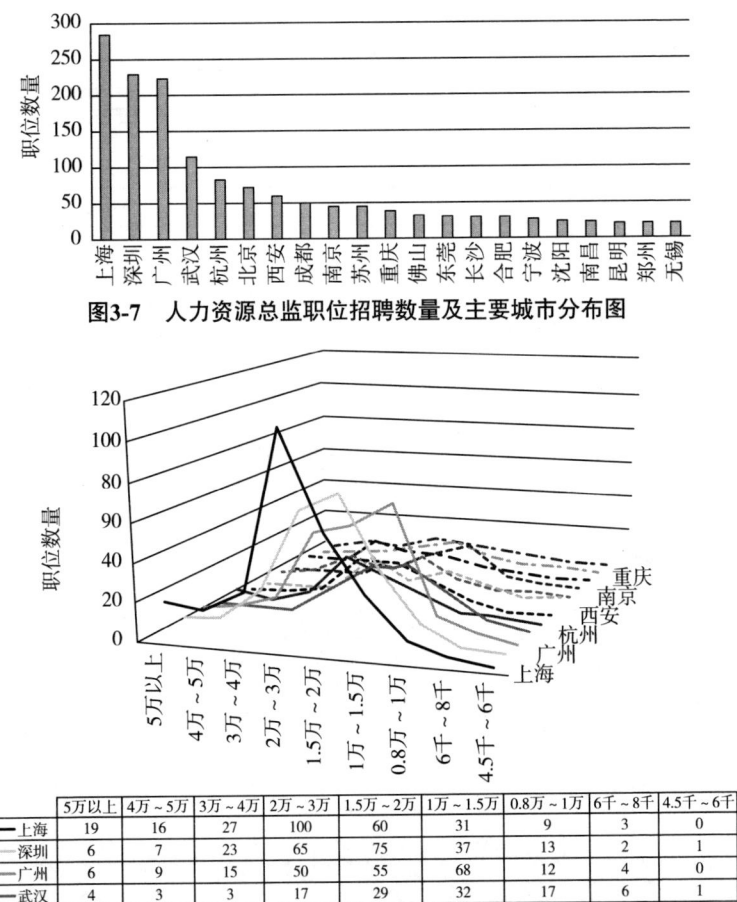

图3-7 人力资源总监职位招聘数量及主要城市分布图

	5万以上	4万~5万	3万~4万	2万~3万	1.5万~2万	1万~1.5万	0.8万~1万	6千~8千	4.5千~6千
上海	19	16	27	100	60	31	9	3	0
深圳	6	7	23	65	75	37	13	2	1
广州	6	9	15	50	55	68	12	4	0
武汉	4	3	3	17	29	32	17	6	1
杭州	6	2	8	20	22	14	3	2	0
北京	2	2	6	23	23	12	4	0	0
西安	0	0	1	20	8	15	9	3	5
成都	2	5	14	6	17	6	1	1	0
南京	0	0	0	5	15	20	4	1	0
苏州	3	1	15	10	9	4	2	0	0
重庆	1	3	5	9	13	5	2	0	0
东莞	1	5	3	9	7	9	2	0	0

图3-8 职位人数、薪酬水平及城市分布情况（数据来源：前程无忧）

第3章
智能招聘基础

人力资源总监的薪酬大致分三个等级,初级大约5000~10000元/月,中等水平月薪在1~3.5万元之间,最高等级月薪大约在4万元及以上。

利用薪酬调查助手,我们可以快速了解到几乎所有岗位的薪酬等级基本情况,便于制定薪酬政策,招聘过程中做到有据可依。

3.5 招聘组织

成立智能化招聘组织

招聘工作是企业人力资源工作重中之重,在条件允许的情况下,应当成立专门的招聘组织或部门,以确保招聘工作的顺利进行,进而保障人力资源供应。传统的招聘工作,一般由招聘部独立完成或由人力资源部与用人部门共同完成。基于人工智能的招聘,不管是专业方面还是技术方面,对人力资源部都将是一个严峻的考验。所以,笔者建议有条件的企业在人力资源部成立专门的智能化招聘组织。设置人工智能工程师岗位,专门负责招聘需求分析、岗位分析,以及简历智能分析、智能匹配等工作;设置职业测评师岗位,负责对求职人员的职业测评,以及员工职业测评和职业规划指导；设置传统招聘师，负责具体的招聘工作，如面试、考试等。

表3-9　　　　　　　　招聘组织分工

岗位设置	主要职责或工作内容
招聘经理（兼面试官）	负责招聘需求分析、招聘计划安排及招聘工作实施等
人力资源AI工程师	负责简历智能分析、智能匹配，人才数据挖掘，以及智能招聘互动助手更新、维护和迭代，智能招聘平台搭建等
测评师	负责胜任力规划、性格测评、职业倾向测评、职业生涯规划等
简历分析师（传统）	负责薪酬调查、职位调查、简历分析、求职者面谈，以及专业测试题库设计等
专业考官（用人部门兼）	负责专业技术方面的题库设计以及专业测试和面谈等

遵循帕累托法则

在企业招聘工作中，有的企业热衷于招聘优秀人才，而有些企业则热衷于招聘成本较低的一般人才，这两种倾向，有可能形成不一样的企业生长逻辑。

（1）热衷于招聘最优秀的人才

按照帕累托法则，优秀的人才可能创造的绩效远大于企业付出的工资成本，所以企业招聘的优秀人才越多，理论上会使组织业绩越来越好；表面上看优秀人才工资待遇高，但由于其创造的

第 3 章
智能招聘基础

价值高于企业支出的人工成本，所以企业投资人赚取的利润就会更高；由于企业赚取的利润越来越多，企业有资金开发新产品，引领新市场的，所以企业大概率可以更长久地生存。这就是为什么Google不惜花费重金挖业界顶尖人才，给年轻人开出的年薪甚至超过200万美元。这些人也就是二十来岁，博士刚毕业不久，怎么会这么值钱呢？这就是Google成功的秘诀之一：选择头部人才、创造超额价值。

（2）热衷于招聘成本最低的人才

根据帕累托法则，普通的人才可能创造的绩效等于或小于企业付出的工资成本，所以企业招聘普通人才越多，理论上看不会使组织业绩变好，表面上看成本最低的人才企业付出的成本少，但由于其给组织创造价值小，久而久之，这种循环渐渐导致企业投入新产品的资金少、开发的新产品少，根本不可能引领市场头部，企业就难免被淘汰出局。

（3）优秀人才如何选出来

首先我们要定义什么样的人算得上优秀人才。一般认为，优秀人才有如下特征。

①总能超额完成工作任务；

②绩效（或业绩）处于整体绩效80%的范围，且总分布在20%部分群体中间。

其次，我们利用帕累托法则来确定人才的优秀程度。

根据以上两点，我们利用帕累托法则轻易地识别出一个人是不是优秀人才。但有一点需要注意比较范围的大小，比如一个员工在某银行支行算是最优秀的客户经理（冠军），但放在分行范围内却只能是一般优秀（亚军）序列，而放到全国系统里只能算是优良（季军）了。

不仅仅是销售业务，采用这种方法同样可以划分技术研发、产品生产、财务管理、人力资源管理等类型的人才优秀等级。

虽然拥有高学历的人才不等于优秀人才，但高学历确实是优秀人才的一个重要标签。同样，高职称或拥有高级证书的人，虽然不能100%被认定为优秀人才序列，但确实也是优秀人才的一个重要标签。

小结

磨刀不误砍柴工，招聘工作准备得好与坏，直接关系到招聘工作能否顺利实施和人才引进能否到位。科学、合理的组织架构，明晰兼具挑战性的岗位设计，健全并有前瞻性的胜任力规划，全面且具有激励性的薪酬体系，以及拥有一支大数据分析、智能分析的工作团队，将是成功实施招聘的充分条件，智能招聘更是如此。

第 4 章
智能互动

4.1　信息发布

4.2　智能互动助手

第4章
智能互动

酒香也怕巷子深。

向求职者传递准确的招聘信息是成功招聘的第一步，所招聘的职位数量、工作内容（职责）、基本要求、具体时间安排，以及招聘渠道选择等都需要招聘人员做好精心部署。一般而言，顶级职位，需要猎头介入或者老板直接上阵，一般无须发布招聘信息。除此之外的高级职位、一般职员的招聘信息发布，须通过专业招聘网站、企业门户、报刊等渠道发布。考虑到智能互动，发布信息时尽量采取多种方式接收求职者简历信息，如将人力资源的Email设置为接收简历的基本方式、招聘公众号设置成与求职者进行智能互动的入口等。

4.1 信息发布

顶级职位

企业的顶级职位招聘，往往通过非正常渠道来完成，所以无须在招聘渠道发布有关信息。像大型企业（指1000亿以上市值或万人以上规模企业）的CEO、技术总监、财务总监等这样的敏感职位，如若发布招聘信息，可能会影响团队的正常工作，对于上市企业还可能引起股价的波动。

以.NET之父——Anders（Anders Hejlsberg，安德斯·海尔斯伯格）为例。Microsoft（微软公司）为了能够开发出与Java抗衡的产品，认为Borland（美国宝兰公司）的Anders（Anders Hejlsberg，安德斯·海尔斯伯格）可以实现微软的梦想。微软人力资源部两次碰壁，甚至派出加长轿车、开出年薪100万美金（90年代能够开出百万美金的世界上好像没有几个），最终还是碰了一鼻子灰。最后，经比尔·盖茨两次亲自登门，以"三百万美金的年薪""数万股微软股票"和"交给你一支团队"的承诺，才挖来这位世间少有的计算机科学家。事实证明了比尔·盖茨的眼光和魄力，Anders果然创造出了使用率仍居世界第一的.NET，微软用它与Java抗衡了20余年。大量的事实证明，顶尖的、稀有的职位须企业尽全力和主动搜索挖掘，绝非是靠一则招聘告示能够吸引来的。

顶级职位不需要发布招聘信息，但需要人力资源部即企业的高层时刻留意关于该职位的相关信息。例如行业经验交流会、产品交流洽谈会、对手企业内部变动，等等。

第4章
智能互动

常规职位

什么是企业的常规职位？笔者也无法确切地给出定义，但可以解释为：能够通过常用的（猎头或招聘网站等）招聘渠道匹配到人才的就是常规职位！即使是企业的总裁，财务总监、产品总监，或者是一个文员，只要能通过正常的渠道招聘到位，它就是常规岗位。常规职位可以通过招聘网站、行业网站招聘频道、报纸电台等发布信息，吸引求职者投递简历，供人力资源部门进行分析和筛选。本书即为围绕常规职位的招聘而展开。

谁来主导招聘

实践中，主导招聘工作存在三种模式：成立专门的招聘组织、人力资源部全程实施和用人部门自行实施。这三种实施模式，没有好与坏，但各有利弊。第一种基于人力资源部力量薄弱，第二种往往源于人力资源力量强大，最后一种可能是没有设置人力资源部的原因。笔者认为，企业（或组织）达到一定的规模后，应当引进专业的HR人士组建人力资源部，为企业的发展提供持续不断的人才供给。毫无疑问，招聘工作应当是人力资源部来主导，包括人员编制、薪酬与绩效方案、人才引进数量等。如遇专业性极强的职位，人力资源部门应当邀请技术专家予以协助。

内网发布

针对内部转岗、选拔竞聘，或依靠员工推荐的招聘信息发布，适合在内网（ERP或OA）发布。需要人力资源部门注意的是，内部转岗、选拔竞聘，以及员工推荐的招聘标准应当与外部保持一致，做到一视同仁，否则，就会造成理论上和操作上的混乱。内网发布的优点是效率高，职位的针对性强，缺点是受众面小。

企业官网

企业官网发布招聘信息由来已久，它甚至比招聘网站还要早。部分企业可能由于疏于管理、更新缓慢、企业官网的影响力小等因素，造成官网招聘效果很差。但就全球性的企业官网招聘频道实施效果来看，企业官网还属于比较重要的信息发布渠道之一。笔者认为，随着人工智能技术的日益进步和普及，企业官网的招聘影响力将会得到显著提升。使用官网发布招聘信息有以下几个优点。

①表现风格自由，能将职位表达得更生动、全面和具体。

②招聘信息（数据）可以和企业ERP或HR系统交互、同步。

第4章
智能互动

③便于部署智能机器人,求职人无须转场,可直接与机器人进行交流、互动。

招聘网站

招聘网站,是企业人才招聘的主要渠道之一。招聘网站本质上属于广告分类网站,即:招聘类的广告站点。自从有了互联网,随之就出现了招聘类网站。目前中国有上千家招聘网站,其中求职者熟知的有智联招聘网、前程无忧网等。近几年,百度、阿里依靠自身的技术实力及海量用户也进入招聘领域,"百度百聘""淘工作"应运而生,更是加速了招聘网站的生存性竞争。恰是这种竞争,如今也让人力资源部门遭遇上了选择的烦恼。

值得一提的是,所有的招聘网站都将求职者的简历视为"财富",想尽办法吸引更多的求职者注册简历,然后按照简历数量"卖"给企业。时至今日,招聘网站仍停留在原始的生态模式里。据了解,多数招聘量较大的企业,一般要买2家以上招聘网站的VIP账号用来发布招聘广告信息。对于人力资源部而言,招聘网站的优点是对求职群体的影响面大;缺点是维护招聘网站的数据、下载简历等将消耗大量的精力和时间。如果人力资源部拥有2个或更多招聘网站的VIP账号,维护招聘信息是一项非常烦琐的工作。

行业招聘网站

最近几年，行业性招聘网站也开始崛起。它们垂直于某个行业细分领域，或以行业网站的招聘频道形式而存在，在行业类职位的招聘效果上不能小觑。例如高校人才网、医疗人才网、汽车人才网、IT人才网、建筑人才网、旅游人才网、教育人才网等，以及58同城招聘、CSDN招聘等招聘频道，等等。行业性招聘网站相较普通招聘网站而言，其受众面窄、影响力小，但针对性强，招聘成功率较高。所以，行业类招聘网站也渐渐成为人力资源部招揽人才的重要渠道之一。

社交平台

之前，企业主要在社交平台上展示产品、推广雇主品牌，如今招聘功能开始植入社交平台。领英（LinkedIn）是全球最知名的职业社交平台，主要提供产品推介和职业介绍业务，2016年被微软全资收购。笔者认为，社交平台招聘模式将会像"网红带物"一样发挥重要的作用。对于人力资源部而言，社交平台正是展示企业产品、推广雇主品牌，吸引人才的重要阵地。

第4章
智能互动

设定Email接收求职者简历

除求职者通过企业官网直接投递简历外，应当引导求职者通过Email形式投递简历。当前，招聘信息发布渠道繁多，如果直接在招聘网站上查收简历，不但烦琐，无用功会浪费掉工作人员的大量时间。引导求职者通过Email投递简历，不仅消除了大量的无用功，而且能够让人工智能快速介入。

招聘广告要力求简洁、全面

招聘广告不仅仅是人力资源部文字功底的体现，更重要的是对拟招聘职位的精准把握，以及实施精准招聘、高效招聘的基础，否则，轻者造成大量的解释和耗费无用功，严重者致招聘延期，给人力资源部造成不必要的麻烦。我们对国内某一著名招聘网站3000条"人力资源总监"的职位招聘信息进行统计，发现28%的职位没有"任职资格"项、25%的缺少学历项目、33%的职位缺少工作经验项，85%的职位缺少年龄项，97%的职位缺少性别项等，而外资企业和国有企业招聘信息相对全面，绝大部分符合专业要求，说明外企和国企相对比较重视招聘广告文案。

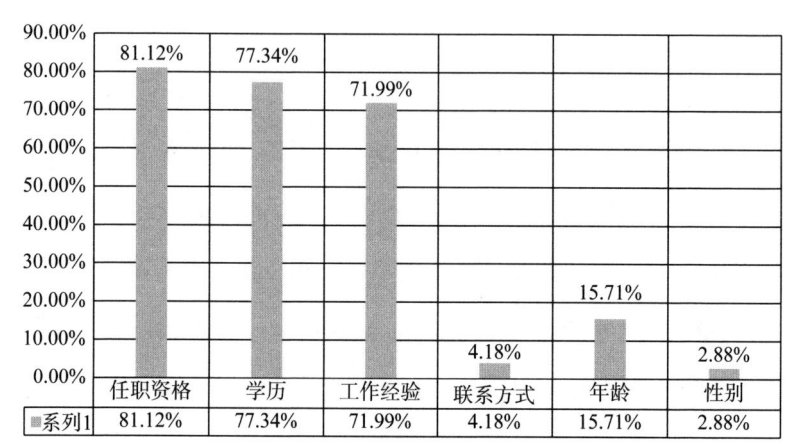

	任职资格	学历	工作经验	联系方式	年龄	性别
系列1	81.12%	77.34%	71.99%	4.18%	15.71%	2.88%

图4-1 人力资源总监招聘广告分项目出现频率图

例如下面一则招聘信息，明显缺少任职资格（或职位要求）：

XXX企业人力资源总监招聘信息

职位信息：

1. 负责全面统筹规划集团的人力资源战略；

2. 负责建立完善的人力资源管理体系以及管理制度，并对人力资源的管理模式进行深入的研究与设计，包括，招聘、绩效、培训、薪酬等体系的全面建立）；

3. 负责企业文化的塑造、维护及传播；

4. 负责及时妥善处理公司管理过程中的重大人力资源问题；

5. 完成总经理临时指派的其他各项工作任务。

（缺少任职要求）

第 4 章
智 能 互 动

　　以上这则招聘广告明显就不清晰：缺少任职资格。如果求职者认可该企业，但却不知道在求职者的性别、年龄、学历、工作经验、户籍地等方面有何规定，招聘信息里也没有留联系电话、E-mail地址，无法联络，所以这是一则有严重缺陷的职位招聘信息。

　　有些人即使认为招聘告示写得很明确了，但对于求职者来说，仍然还有一些信息没有明确，甚至需要求职者通过进一步电话问询后才逐渐清晰。例如下面一则相对全面的招聘信息：

XXX企业人力资源总监招聘信息

岗位职责：

1. 根据公司发展方向制定人力资源战略，有效推进招聘工作开展，快速引进行业优秀管理人才，满足公司高速发展需求；

2. 建立人力资源管理体系，研究、设计人力资源管理模式，搭建并完善人才培养、储备和梯队建设；

3. 不断完善公司组织架构及岗位设计，向公司决策层提供人力资源、组织结构等方面建议，控制人力资源成本，提高公司综合管理水平；

4. 关注国家地区的法律法规及市场薪酬信息，根据公司业务发展情况，制定和优化薪酬福利、员工关系相关制度、流程和规范；

5. 负责公司绩效管理工作，完成各部门绩效实施、考评与结果分析、绩效改进等，为员工培训、职位晋升等提供依据；

6. 塑造、维护、发展和传播企业文化，营造良好的工作氛围，打造具有凝聚力和战斗力的团队。

任职资格：

1. 有台资企业工作经验；

2. 统招本科以上学历，人力资源、管理学等相关专业优先；

3. 5年以上人力资源部总监/经理经验，熟悉人力资源全模块，熟悉国家相关政策、法律法规；

4. 擅长各类中高级管理人才的甄别和选拔，互联网行业人才资源丰富者优先；

5. 强烈的责任心和事业心，优秀的问题解决能力；

6. 良好的职业操守，工作原则性强，优秀的沟通协调与组织管理能力。

相对上一则招聘信息，这条招聘信息虽然相对全面些，但仍然留有遗憾。比如年龄要求、性别要求、专业工龄、工作地点、薪酬福利、联系电话等。对于求职人员来讲，都是疑点，以至于错过求职者的关注或简历投递。

从以上的数据统计和对两则不合格招聘信息的分析可以看出，撰写招聘信息的人员要么文字功底一般，要么就是初级文员在负责，或者干脆随便在网上摘抄而来。

总之，招聘广告的撰写既要简洁、明确，还要全面和具体，因为一则好的招聘信息是顺利开展招聘的第一步，是吸引求职者眼球的有效手段，需要招聘人员重视起来，特别是运行智能招聘系统时更是如此。

4.2 智能互动助手

自本节开始，AI招聘正式登场。本书主要向读者介绍AI智能招聘，但前面做了大量的铺垫，为的是要讲清楚AI如何结合HR。

主动与被动

在传统招聘工作中，人力资源部首先发布招聘信息，并主导、控制整个招聘过程，所以称主动方；求职者投递简历或应聘，按照招聘方的标准提供资料或答辩，所以称为被动方。毫不避讳地讲，在一般的招聘活动中，人力资源部自始至终处于强势地位，而求职者处于弱势地位，不是人们挂在嘴上的"平等"。

当然也有例外，那就是前面提到的顶尖级人才。

图4-2 人力资源部为主动方示意图

企业人力资源部在招聘活动中因为长期处于主动和强势地位，久而久之就会形成官僚化思维，僵化的招聘流程和形式。毫不奇怪，招聘广告不清晰、招聘流程混乱、招聘周期拖拉、职位匹配度低、新员工流失率逐渐攀高等现象将长期存在。

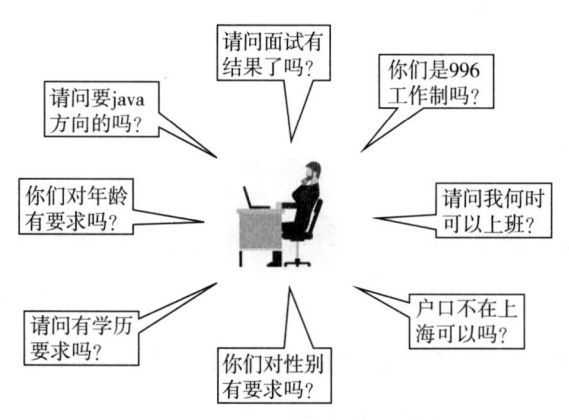

图4-3 主动变被动示意图

第4章
智能互动

招聘信息一旦发布，人力资源部就建立了与求职者的关系。求职者也会对招聘信息中的职位信息、企业信息进行评估，结合自身条件，预估与招聘职位的匹配度，最后决定是否投递简历。根据上一节所描述情况来看，人力资源部的招聘信息大多不规范或缺少内容，进而将会导致求职人员的误解、误判，最终造成误投简历。如果招聘信息中再缺少联系方式（限于人手配置，大多数人力资源部不希望求职者与其联络），将使招聘效果大打折扣，无形中，人力资源部与求职者之间形成了一堵墙。"人才是第一资源"的理念，人力资源部首先将其变成了"伪命题"。

人力资源部的第一使命，是帮助企业寻找优秀人才，限于现有技术、条件等因素，人力资源部无法真正完成使命。我们曾做过相关测试：将身边一位985高校毕业、有着十几年人力资源主管工作经历的简历分别投递给3家外资企业。简历投递后，都在10分钟内分别收到了诸如"您的简历已经成功投递，坐等好消息吧！""您的简历我们已经收到，稍后与您联系！""收悉您的简历，我们评估后将与您联系！"等等。一个月后，没有任何进展，就分别致电企业人力资源部，接电话的都是一般工作人员。更惊奇的是，她们都先让你报出姓名，然后让等消息……

这就是现状，无法解决的现状。一方面企业着急用人，另一方面人力资源部在招聘工作中的第一步就是这般"姿势"，难怪咨询师拉姆·查兰（Ram Charan，美国作家、咨询师）撰文提出要"分拆人力资源部"，托马斯·斯图沃（Thomas A. Stewart）则扬言要"炸掉人力资源部"，就连人力资源工作标杆企业——华为总裁任正非，也发文将原人力资源进行拆分，即拆为：建议、执行、监管和支撑职能的新人力资源部，以及主管选拔、绩效、薪酬和股权的总干部部。

智能招聘助手应用示例

有没有办法，在人手少、求职者咨询的问题种类繁多，以及求职者人数众多的情况下，能做到即问即答，真正行使人力资源的使命呢？笔者认为，有办法，而且只有一个办法。这个办法就是利用人工智能机器人来代替人力资源部与求职者沟通和互动。

讲到这里，读者第一个反应是不相信机器人能够像人力资源部的员工一样回答求职者的疑问或咨询，或者是，即使能回答，也很生硬，或答非所问。接下来，我们就来测试下智能招聘助手是否真的能与求职者互动。请读者按照以下步骤进行：

①拿出你的手机，打开微信。

②搜索"管理大脑"公众号，并关注该账号。

③进入公众号，直接在对话框里输入你的问题即可进行求职互动。

第4章
智能互动

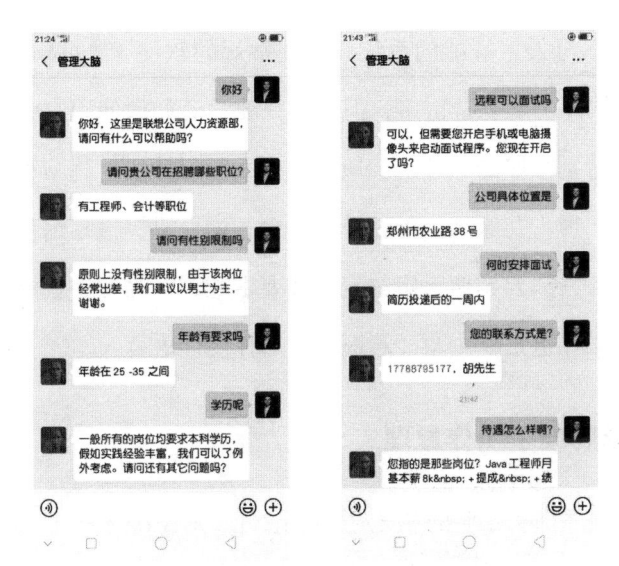

图4-4 智能招聘助手与求职者互动

以上对话内容,来自一位"求职者"(测试)与人力资源部所属的一部智能招聘助手(机器人)的对话。经过测试,机器人回答求职者的内容丰富、准确、及时、一对多,而且,可以根据人力资源的工作风格,赋予其相应的智商和情商,与人类相较而言,AI智能毫不逊色。本例中,笔者采用了百度的UNIT人工智能对话平台(Understanding and Interaction Technology,百度推出的理解与交互技术)进行设计,利用微信公众号与智能招聘助手(机器人)进行绑定,求职者只要关注企业的公众号,就相当于与智能招聘助手进行了链接,随时可以交流互动。

读者可能会问,人工智能技术这么复杂,我们能学会吗?

的确，学习人工智能的系统开发比常规的软件（如OA、财务、ERP等软件）要复杂得多，但我们只要学会如何使用它就行了，除非有特别浓厚的兴趣，一般不建议去学习算法、写AI程序。国内已经出现十几家知名的云计算平台，均可以提供零编程的应用配置服务，只要按照一定的流程和要求配置好AI程序就能运行，而你不必知道是哪个AI计算框架，那种设计语言。

智能招聘助手工作原理

智能招聘助手的核心技术是NLP（Natural Language Processing，自然语言处理）。NLP是人工智能领域的重要分支，它是集语言学、计算机科学以及数学等多学科交叉结合的新型学科，一直以来都被人们誉为"人工智能皇冠上的明珠"。现实中同样一句话，在不同的语境里其含义可能完全不同，即使人类也不能做到100%的理解，如果让机器来处理语义，那难度可是相当的大。

例如，"小李，你帮我看下，我去方便下。"短短的一句话，不同的情景下却有着不同的含义。如果在警察抓小偷情景里，大概就是希望小李代替盯着犯罪目标，他要去趟厕所或打个电话；如若在菜市场里，可能就是希望小李照顾一下买菜来的客人，他要去趟厕所或见一下老同学。在这句话中，"小李"就好

第4章
智能互动

比数学里函数的常量,而"看下""方便"就是变量。所以,离开语境,一句话的含义千差万别,甚至资深的语言学家也不能确定它的真实意图,基于AI的机器能理解吗?NLP的对话系统工作原理如图4-5所示。

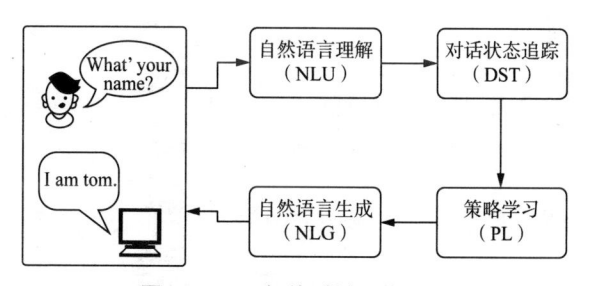

图4-5 NLP智能对话工作原理

UNIT智能招聘助手工作原理

百度理解与交互技术平台(UNIT),开放多年积累的自然语言理解与交互技术、深度学习、大数据等核心能力,帮助开发者大幅降低了对话系统研发门槛,可以精确适配业务需求,训练对话系统,应用于智能对话场景。本例中,笔者就是采用了百度UNIT人工智能对话技术,并绑定用于招聘的公众号来实现与求职者的交流互动。百度UNIT技术正是根据上下文的语境,让机器输出答案的,其工作原理如图4-6所示。

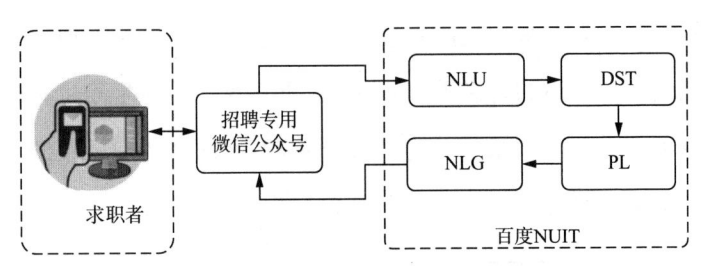

图4-6　智能招聘助手工作原理

AI机器阅读理解是机器翻译之后NLP领域又一里程碑式的重大进展，目前机器阅读理解发展比较迅速。国内方面，2018年阿里巴巴和微软亚洲研究院相继刷新了斯坦福大学发起的SQuAD（Stanford Question Answering Dataset）文本理解挑战赛成绩，机器阅读理解评分超过人类，这也就意味着机器阅读理解的能力已经开始"碾压"人类。人们对NLP的认识、技术研究和场景应用充满信心，NLP的爆发指日可待。

UNIT智能招聘助手创建

接下来，我们将在百度UNIT平台创建AI智能招聘助手，整个过程无须编写任何程序代码，便可实现基于AI的智能招聘助手。

第一步　登录百度AI开放平台

通过浏览器输入：ai.baidu.com，进入百度AI开放平台。

第 4 章
智能互动

图4-7 百度AI开放平台首页

第二步 登录百度账号或云账号

点击"智能对话定制平台UNIT",进入UNIT人工智能对话系统。这时,系统将提示输入平台的账号、密码。百度搜索、百度贴吧、百度云盘、百度知道、百度文库等产品的账号密码通用,无须重复申请。如若无账号及密码,请事先自行申请百度系列产品下任意账号、密码即可。

图4-8 登录AI开放平台界面

第三步 创建我的机器人

进入AI开放平台后，点击"我的机器人"，开始创建。

图4-9 创建我的机器人界面

第四步 新建机器人

输入机器人名称，如"AI智能招聘助手"，然后输入机器人描述，如"代替人力资源部员工与求职者在线交流、互动，适用于在简历投递前，以及面试（含远程AI面试）后的求职问答、互动"等内容，最后点击"创建机器人"按钮。

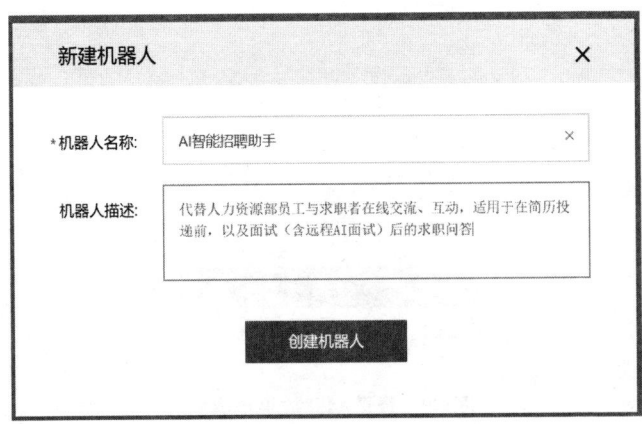

图4-10 创建机器人界面

第 4 章
智能互动

图4-11　AI智能助手创建成功界面

第五步　为机器人添加技能

机器人创建完成后，它还不能工作，因为没有给它赋予（设定）技能。点击刚才创建的机器人或点击"我的技能"，进入技能添加界面。我们选择自建技能标签下的"问答技能"。

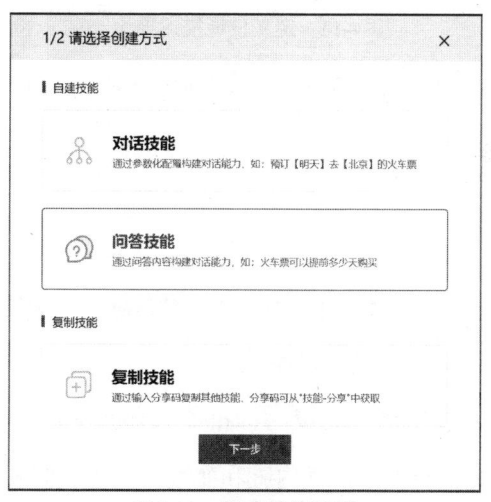

图4-12　新建技能界面

选择"问答技能"后，点击"下一步"。进入技能设置页面，填写技能名称（如"智能招聘问答"）和技能描述，如图4-13所示。

图4-13 定义技能描述界面

点击"创建技能"按钮，新建技能将完成，如图4-14所示。

图4-14 完成新建技能界面

第六步 为新技能添加问答对

机器人、技能创建完成后，机器人还是无法工作，好比有了骨骼、皮囊，仍然还缺乏内脏和血液。这时我们要给机器人添加问答对。所谓的问答对，就是问题与答案的组合，称之为问答对。问答对支持一对一、一对多、多对一和多对多；当某一个问题对中包含多个答案时，答案随机呈现。比如求职者问，"贵公

第 4 章
智 能 互 动

司招聘哪些岗位？"等于"贵公司招聘几个职位？"，这两句话意思相同，都是问正在招聘的"职位名称"，这就是多对一。若求职者问"待遇怎样"时，可能会有多个答案，如"工程师月基本工资5000元，外加绩效工资3000元""你是问哪个岗位的待遇？"，等等，这是一对多。

这时，我们在刚建好的"智能招聘问答"下，找到"问答管理"，然后点击进入问答对的添加功能，图4-15。

图4-15　新建问答对界面

问答对的添加与管理，是AI智能招聘助手的核心工作，它的"聪明"程度取决于对问答对的设置。本例中，是一个个建立问答对，在实际应用场景创建过程中，可以下载问答对模板，线下集中完成问答对的设置后，一次性上传导入即可。建议读者在测试时，尽量穷尽问答，将所有能够想象得到的关于求职者的疑问填充在问答集中，AI机器人将会更加"聪明"。

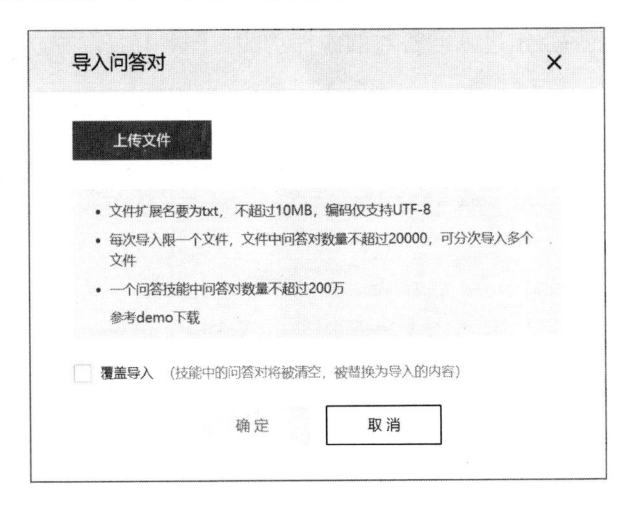

图4-16　导入问答对界面

问答对上传、导入平台后，系统引导到问答对的管理页面，可进行相应的编辑、删除或添加分类标签等操作，如图4-17所示。

第 4 章
智 能 互 动

图4-17 问答对设置完成界面

第七步 技能训练

问答对完成后，需要对机器人进行训练，只有经过"自我学习"和"训练"的机器人才能够与求职者进行互动。需要指出的是，AI智能招聘助手机器人不同于多数企业产品网站上的自动应答框，虽然它们有时候也自称是"机器人"，但由于没有自我学习、训练功能，自然无法进化得越来越聪明。在建好的"智能招聘问答"技能标签下，找到"技能训练"，点击右侧的"训练并生效新模型"按钮，再执行到"训练模型并生效到沙盒"。

图4-18 训练模型并生效到沙盒界面

执行"训练模型并生效到沙盒"命令，系统进入训练学习状态，完成后技能进入到沙盒环境，见图4-19所示。

图4-19　训练完成界面

第八步　技能发布

机器人经训练完成后，具备与求职者进行交流的功能，但机器人的技能需要找到一个载体，即求职者如何建立与机器人的链接。百度UNIT提供两种解决方案，第一种是将技能发布到"沙盒或生产环境中"，例如人力资源的APP或者企业官网上。第二种就是将技能接入到微信公众号上。由于发布到生产环境上相对比较复杂、又需要读者具备一定的计算机接口编程（API）能力，所以本例只介绍接入（或发布）到微信公众号上。

在"智能招聘问答"技能标签下，找到"技能发布"标签，点击后选择"接入微信"选项卡，再点击右侧"授权微信公众号"。

第4章
智能互动

图4-20　发布并授权到微信公众号

点击"授权微信公众号"标签，页面自动转向微信公众号授权页面，这时用绑定微信公众号（订阅号）的手机微信扫描二维码即可完成授权、发布。至此，AI智能招聘助手大功告成！

图4-21　微信公众号授权UNIIT界面

AI+HR
智能招聘：人工智能浪潮下的招聘大变局

测试AI智能招聘助手

机器人经过创建，再经创建技能、添加问答对、训练及发布后，具备招聘咨询的智能招聘助手就诞生了，此时的AI智能招聘助手便可以与求职进行交流及互动了。求职者关注授权的公众号，输入有关招聘的话题即可激活智能招聘助手，替代人力资源部效命了，如图4-22所示。

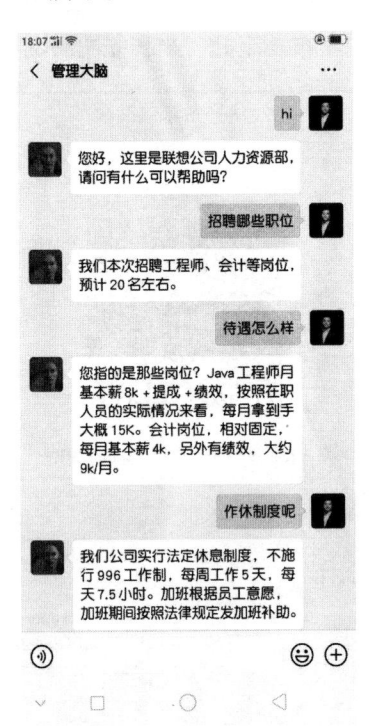

图4-22　求职者与智能招聘助手互动

第4章
智能互动

智能助手VS人工

通过AI智能招聘助手与求职者的互动效果,我们可以拿它与人工做个简单比较。在速度方面,AI的毫秒级响应时间几乎可以忽略掉,而传统人工,回答求职者提问一般需要按分钟来计算,明显逊色于AI;在回答问题的精准度上看,基本一致;在处理人数上看,传统的人工只能是一对一,即一个人只能负责与一个求职者对话,做不到一对二或更多,而AI可以做到一对多(1 for N);在成本方面,AI的成本几乎为零,而传统人工的成本是其薪酬福利,成本最高;在与求职者沟通方面,人工可能会产生一些负面的情绪,而AI却可以按照人力资源部赋予其情商(情绪智力)能力,并将这些能力服务到求职者。总之,AI机器人与传统人工,在与求职者互动、答疑方面,AI明显占有优势。

表4-1　　　　　　AI与人工使用后效果比较

项目	速度	准确度	并发	成本	情绪
人工智能	快,毫秒级响应	准确	一对N	无成本	无负面情绪
人工	慢,分钟级响应	准确	一对1	人员工资	有负面情绪

小结

在传统招聘流程里，招聘信息发布是很随意的事情，缺乏严谨的工作标准和要求，甚至连正式的职位说明也无从谈起。在这种模式下，招聘信息发布后的第一个"硬伤"便浮出水面——开始了低质量和低效率的简历投递、简历接收和分析等。而基于AI的互动助手为人力资源部和求职者搭建了流畅和即时的沟通渠道，帮助人力资源部实现了求职者的首轮筛选，为下一步高质量的简历投递、招聘成本节约，以及招聘周期压缩发挥着"急先锋"作用。

第 5 章
智能处理及分析

5.1 简历接收

5.2 简历智能处理

5.3 自然语言处理

5.4 智能反馈

第 5 章
智能处理及分析

传统的人工简历处理和分析，是招聘中最为烦琐和耗时的工作之一。特别是完全不符合职位要求的简历也要一一查看，因为你不看就不知道一个简历是否适合职位要求。而基于AI的智能简历处理和分析，将海量简历信息进行自动化处理，几乎不需要时间。所以，智能简历处理及分析技术恰恰弥补了传统人工分析的短板。

本章所讲述的简历处理，就是将求职者投递的各种文档格式（如docx、pdf、html、txt等）、各种模板（如智联招聘、前程无忧）下的简历进行自动化处理，并转换为统一格式、统一模板的简历，最后按照既定数据格式（如SQL）进行存储，便于后续的查询、搜索等操作。简历分析，就是对已经处理过的简历，按照某种标准（如人才画像、职业路线图、标记等）进行的专业技术评判。

5.1 简历接收

优先使用Email接收简历

前面我们已经提到，人力资源部接收简历的方式最好是统一归集到专用的E-mail信箱，原因很简单，由于招聘信息发布渠道多，人力资源部不得不频繁登录各个招聘网站查看和下载简历，这是一件既浪费时间又极其烦琐的工作。如果在招聘广告中声明，请求职者将简历投递给人力资源部E-mail信箱就是很巧妙的安排，这样做的另外一个好处是：简历经E-mail接收后，人工智能程序会自动将简历匹配情况直接反馈给求职者，这个小小功能就能给求职者带来较好的求职体验，也是"以人为本"理念在招聘工作中的具体呈现。图5-1和5-2分别表示传统的简历阅读处理模式和基于AI的智能阅读处理模式。

经过对图5-1 与 图5-2 比较表明：传统人工处理简历模式，属于单方面的信息传递，人力资源部往往仅对自认为合适的个别简历才予以反馈；而基于人工智能的简历处理模式，将对所有的求职简历进行处理，并个性化、逐一反馈、逐项反馈，体现了以人为本的理念。所以，Email接收简历有利于AI系统向求职者反馈有关信息。

第 5 章
智能处理及分析

图5-1 传统人工处理简历模式

图5-2 AI处理简历模式

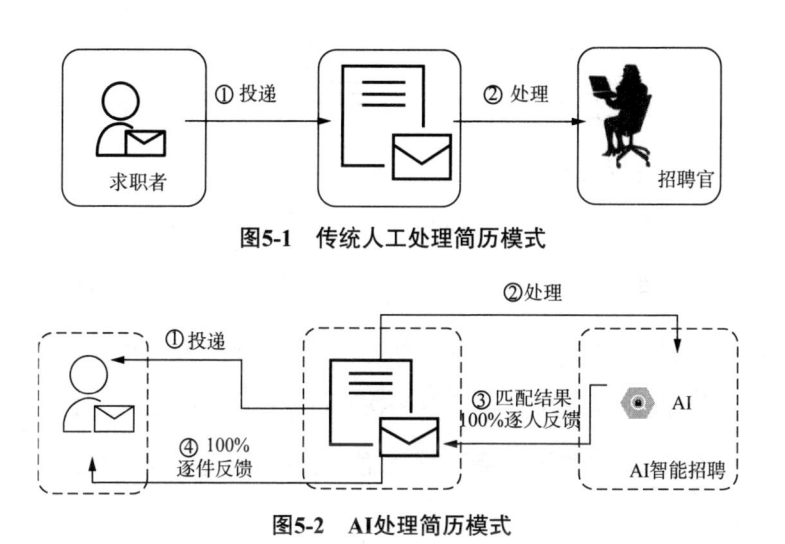

将简历加入人才库

限于工作理念、工作能力、技术手段等因素，多数人力资源部并未对求职者简历建立起人才库，这将是一项不可估量的损失。前面也提到过，多数人力资源部将不符合要求的简历丢进"垃圾筐"，也谈不上反馈，更不可能将其放进人才库。据笔者了解，拥有人才库的人力资源部不多，恰好也反映出当前人力资源工作的专业水平。笔者向两家曾在国际上获得最佳雇主品牌奖的企业人力资源部投递了求职简历，最终石沉大海。三个月后，待笔者电话和Email到人力资源查询相关应聘情况时，对方均表示找不到笔者投递的简历。这个测试表明，企业人力资源部没有为求职者设置人才库或者根本没有企业人才库。

    笔者并不是责难人力资源部必须满足求职者的所有诉求，但对求职者进行反馈，是现代人力资源工作者的基本素养。求职者即使不符合职位要求，也应当客观、清晰地向求职者予以反馈，哪些条件与职位要求不匹配。笔者做过多起测试：对两组不符合要求的求职者进行"婉言式"反馈，他们均表示理解，并对人力资源部的做法表示赞赏。也许这一次不符合要求，明年呢？下一次呢？如果求职者很快掌握了某些技能，弥补了不足，又符合职位要求呢？

    总之，为求职者简历建立简历库（或人才库），不管他（她）是否满足当前职位要求，尽可能地给予求职者适当反馈。利用AI系统，自动把求职者简历信息装进企业人才信息库将是智能招聘的最基本配置。

5.2 简历智能处理

简历处理

    简历处理一直以来都是行业难题，它之所以难，主要是因为以下几点。

第 5 章
智能处理及分析

①简历格式不同。人力资源部招聘信息一旦发布，求职者的简历可谓五花八门就飞了过来。有的是html格式、有的是PDF格式、有的是word格式，甚至有人投递了图片格式简历，当然还有等待你下载的招聘网站简历。不同格式的简历给人力资源部查阅带来极大的不便。如果将这些简历录入到人才库里，不仅浪费时间，可能还要经过软件先行处理，然后粘贴、复制，比如图片格式的简历就非常麻烦。阅读、处理，以及将不同格式的简历录入到人才数据库是个不小的挑战。

②简历模板不同。不同的招聘网站提供不同的简历模板，所以，往往一个招聘职位一经发出，人力资源部便会收到十几种不同类型模板的简历，甚至有些人按照自己喜欢的风格撰写简历，如有人将工作经历按时间倒序来写，有人习惯按顺序写；有人习惯按照简约风格撰写、也有人善于抒情式表达喜欢使用形容词，等等。这对人力资源部的简历阅读能力、分析处理能力无形中也是个考验。

③简历数量多。根据有关数据统计，在招聘网站上发布一个常见职位，大约会收到150份左右的简历信息。如果看完一个简历平均用5分钟的话，一个职位就要花费人力资源部750分钟时间。事实上，最有决策权的招聘经理往往没时间查看求职者投递的简历，而是先经人力资源部的实习生或初级员工"筛选"这部

分简历，然后将"筛选合格"的简历转交招聘经理，这早已是公开的秘密。

以上几点是当前人力资源部门普遍面临的问题，造成人力资源部的工作止步不前。近年来，随着人工智能NLP技术的发展，简历处理才有了根本的改变，企业人才数据库建设才变得真正可行。基于人工智能的简历自动化处理技术，可以一键实现简历的智能解析、录入，以及标准化输出等功能，如图5-3所示。

图5-3 简历智能处理过程

简历标准格式

对简历处理和分析的前提是，应当对简历制定一个科学的标准。那么，什么才是简历的标准呢，又该如何制定？

百度百科的解释：简历是对个人学历、经历、特长、爱好及其他有关情况所做的简明扼要的书面介绍。维基百科的解释：履历，是对个人教育、工作经历的书面介绍，是求职者通向面试阶段的重要一环。

根据以上解释，所谓标准的简历，应当涵盖以下几方面的内

第5章 智能处理及分析

容：基本信息，教育经历、工作经历及其他。具体来讲，按照如下标准制作的简历就是合格的简历，详见表5-1所示。

表5-1　　　　　　　简历标准项目即内容

简历项目	主要内容
基本信息	性别，年龄，婚否，户籍地，居住地，联系方式，职业意向等
教育经历	一般指学历教育方面的经历
工作经历	在政府或企事业单位工作（含实习）经历
其他（可选）	特长、爱好、获奖情况，以及具体项目经历等

简历智能处理工作原理

简历的智能化处理，就是通过计算机格式转换程序将不同格式（如html、PDF、docx、jpg等）的简历转换为TXT格式文档，然后对该文档中的关键字段进行提取，最后将关键字段保存或录入数据库（SQL）中。这个过程比较复杂，笔者也是折腾几个月才最终完成这个复杂的功能。有兴趣测试简历智能处理的读者，建议使用Python来开发，理由是Python库比较丰富，各种格式的处理包都容易找到，而且处理速度快，可以较好地达到目的。比如转换html格式简历，可以使用包html2tex，转换PDF时使用包pdfminer等。图5-4为简历智能处理的工作原理。

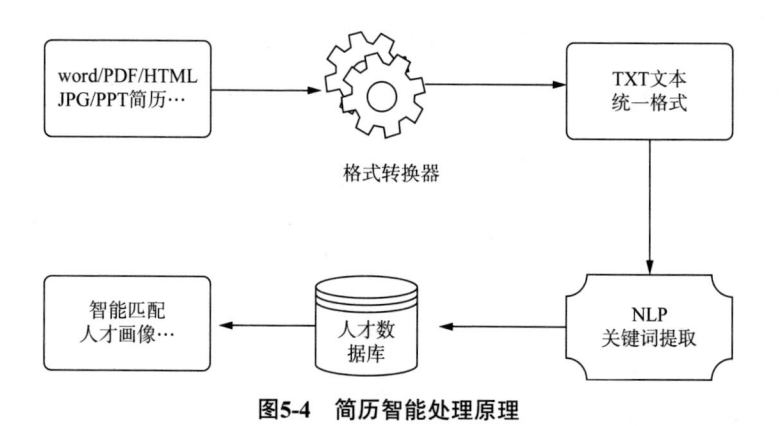

图5-4　简历智能处理原理

简历智能处理，一方面将不同格式、不同风格的简历文档统一处理为人才数据库文件，节约了人力资源部的大量时间，同时也达到了人才库建设目标。另一方面，将简历统一为某一种文档格式，将为后续的智能分析、智能反馈，以及智能匹配提供依据。

简历批量上传、处理

接下来，我们以"爱去智能招聘系统"为例来进一步说明简历的上传（或投递）、E-mail下载，以及处理、入库等操作。系统提供简历的批量上传功能，一旦简历上传到指定的文件夹，系统便自动启动处理程序。系统首先判断文件夹是否有简历，若有简历，再判断简历格式类型，以决定启用相应的处理程序。下面以PDF格式简历来进一步演示其处理原理（软件源代码及使用说明请读者按照书中的地址下载，这里不再赘述）。

第 5 章
智能处理及分析

本例中,如果求职简历投递到人力资源部专用招聘信箱,系统将自动下载简历并给予处理,无须接下来的简历上传工作。但如果简历是通过招聘网站投递或微信转发,就需要人力资源部将这些简历上传到系统指定的文件夹里。

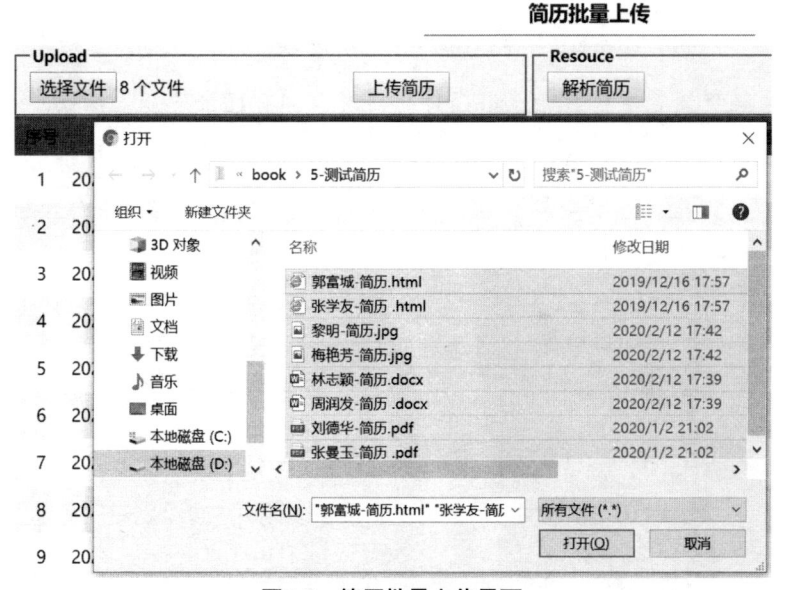

图5-5 简历批量上传界面

简历上传后随即被系统进行转换处理。PDF格式简历转换为文本简历后,段落顺序等都将被打乱,不过没有必要让人来看txt文本格式简历,所以无须关心它。下面以PDF格式简历上传到系统主机后的处理过程为例。

原PDF简历:

刘德华个人简历

男，45岁，177887951××，×××××@163.com

求职意向：全球化企业CHRO或CIO

自我评价：

拥有10年HR负责人经历，拥有连续23年计算机软件研发经历，曾主持20余个IT项目的研发，拥有10余项知识产权，获得省部级奖项2次。2015年始，专注于人力资源智能化研究和创新，现已开发完成"AI测评""智能招聘"和"智能绩效"软件。

一、工作经历

2015.09-2019.08　×××网络技术公司【50人规模，创业公司】　任职：CTO

2012.01-2015.07　×××地产有限公司【500人规模，香港上市】　任职：HRVP

2010.09-2012.07　×××科技股份公司【4000人规模，美国上市】　任职：HRD

2007.12-2010.07　×××地产集团公司【600人规模，内地上市】　任职：CHRO兼CIO

2004.09-2007.12　×××商业连锁集团【6000人规模，多

第 5 章
智能处理及分析

元】任职：CHRO兼CIO

1996.03-2004.05 ×××电子有限公司【300人规模，港资企业】任职：工程师、HRD

二、学历学位

2009.09-2015.07 武汉理工大学 工业工程博士（人力资源智能决策方向）

2005.09-2008.07 电子科技大学 软件工程硕士（人力资源信息化方向）

1992.09-1996.07 中原工学院 计算机

（以下略）

简历格式转换后为文本格式：

```
Python 3.6.5 Shell                                            —    □    ×
File Edit Shell Debug Options Window Help
Python 3.6.5 (v3.6.5:f59c0932b4, Mar 28 2018, 17:00:18) [MSC v.1900 64 bit (A
MD64)] on win32
Type "copyright", "credits" or "license()" for more information.
>>>
========== RESTART: D:\AIHR\AIHR1.0\AI_HR\python\pdf_txt2_web.py ==========
刘德华-简历.
pdf
D:\HRDOC\pdf\刘德华简历.pdf
JDNO:20200212181046640['刘德华个人简历 \n', '男，45 岁，177887951XX，XXXXX@16
3.com\n', '求职意向：全球化企业 CHRO 或 CIO \n', '自我评价： \n', '拥有 10
年 HR 员工经历，拥有连续 23 年计算机软件研发经历，曾主持 20\n', '余个 IT 项
目的研发，拥有 10 余项知识产权，获得省部级奖项 2 次。2015 年始， \n', '专注于
人力资源智能化研究和创新，现已开发完成"AI 测评"、"智能招聘"和"智能\n',
绩效"软件。 \n', '一、工作经历 \n', '2015.09- 2019.08    XXX 网络技术
公司【50 人规模，创业公司】      任职：CTO \n', '2012.01- 2015.07    XXX 地产
有限公司【500 人规模，香港上市】      任职：HRVP \n', '2010.09- 2012.07    XXX
科技股份公司【4000 人规模，美国上市】任职：HRD \n', '2007.12- 2010.07    XX
X 地产集团公司【600 人规模，内地上市】任职:CHRO 兼 CIO \n', '2004.09- 2007.12
    XXX 商业连锁集团公司【6000 人规模，多元】任职：CHRO 兼 CIO \n', '1996.03- 2004
.05    XXX 电子有限公司【300 人规模，港资企业】任职:工程师、HRD \n', '
二、学历学位 \n', '2009.09- 2015.07 武汉理工大学 工业工程博士（人力资源智能
决策方向）\n', '2005.09- 2008.07 电子科技大学 软件工程硕士（人力资源信息化
方向）\n', '1992.09- 1996.07 中原工学院 计算机  \n', '（以下略）\n', '
n']20200212181046640.pdf
完成
>>>
                                                          Ln:9 Col:4
```

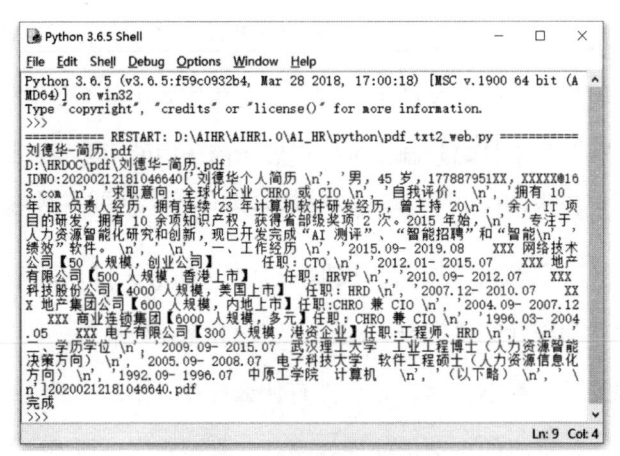

图5-6 简历转换为txt格式

简历经格式转换、关键词提取后自动录入数据库。

序号	编号	姓名	性别	出生/年龄	学历
1	20200102213703589	***	男	1975/09[44]	硕士
2	20191221121134050	***	女	1982年11[33]	硕士
3	20191221121132468	***	女	1986年1[29]	本科
4	20191221121131783	***	女	1973年2[42]	本科
5	20191221121131334	***	男	2001-40[28]	大专
6	20191221121130630	***	男	1993年10[22]	本科
7	20191221121130132	***	男	2015.07[44]	大专
8	20191221121129497	***	男	1989年3[26]	本科
9	20191221121129113	***	女	1989年1[26]	大专
10	20191221121128215	***	男	1967年6[48]	本科

图5-7 简历自动录入人才数据库

简历被转换为txt的目的就是提取关键词。比如提取姓名、性别、年龄、联系电话、Email地址、求职意向等基本信息内容，工作经历中的时间、单位、所担任的职务，以及教育经历中的学校、学历层次、开始及结束日期，等等。实际中的简历关键词多达数十项，限于篇幅限制，本例仅展示简历中的主要关键词。

如果利用传统人工来提取简历中的关键词并不难，但效率就很低了（一般情况下，人工提取一个简历所有关键词需要5分钟左右）；利用计算机提取关键词，实现起来比较麻烦，因为关键词出现的顺序都不一样，几乎没有什么规律，不过一旦实现这个功能后，计算机的自动化处理效率就非常可观了。所以，要解决

第 5 章
智能处理及分析

这个问题，必须借助人工智能的NLP关键词提取算法来解决：基于统计特征的关键词提取算法。在实际工作中，关键词提取涉及非常复杂的算法，甚至还要结合一些特别的算法完成提取。比如姓名提取思路：先截取转换后txt文本简历前40个字符串，将截取到的字符串与百家姓中的姓氏进行搜索、匹配，匹配通过后即可确定"姓氏"位置，然后再根据姓氏后的1~3位置提取出名字，如图5-8所示。

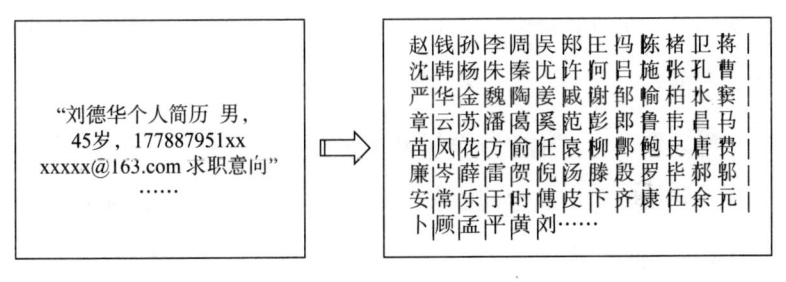

```
"刘德华个人简历  男，              赵钱孙李周吴郑王冯陈褚卫蒋
45岁，177887951xx       ⇒       沈韩杨朱秦尤许何吕施张孔曹
xxxxx@163.com 求职意向"            严华金魏陶姜戚谢邹喻柏水窦
        ……                      章云苏潘葛奚范彭郎鲁韦昌马
                                苗凤花方俞任袁柳鄢鲍史唐费
                                廉岑薛雷贺倪汤滕殷罗毕郝邬
                                安常乐于时傅皮卞齐康伍余元
                                卜顾孟平黄刘……
```
① 截取Txt文本简历前40字符　　　② 将截取字符与百家姓匹配

图5-8　姓名提取思路

在实际生活中，百家姓可不止100个姓氏，仅明朝就收集了1594个姓氏，本例程序中收录了1600多个姓氏，有2个中文字符复姓和3个中文字符复姓。再者，还有些求职者的名字是分别取自父亲、母亲的姓氏，加上自己的名字组成，如"苏杭一佳"，所以，仅通过以上的方法不能保证提取到真实名字，这时就需要利用NLP基于词权重的特征量化的方法（词性、词频、逆向文档频率、相对词频、词长等）来进行比较和优选，最终确定唯一

正确的姓名。尽管笔者使用各种方法，在10万份简历姓名的提取测试上，仍然有50人左右的姓名提取出现了错误，暂时没有做到100%的提取。

至于性别、年龄、手机号，以及工作履历中的关键词提取都是看起来容易，做起来异常艰辛的技术活儿。虽然NLP技术给我们提供了各种优化的解决方案和切实可行的算法，但在各式各样的简历中精确提取你需要的内容，并不是一蹴而就的事情，这就需要NLP工程师潜心研究、不断努力提升技术能力，才会越来越接近完美。

简历被上传、统一转换为txt文本文件后，系统自动启动NLP程序，并按照简历关键词要求，经逐一搜索后，再添加到数据库（SQL），便于后期的查询和职位匹配，如图5-9所示。

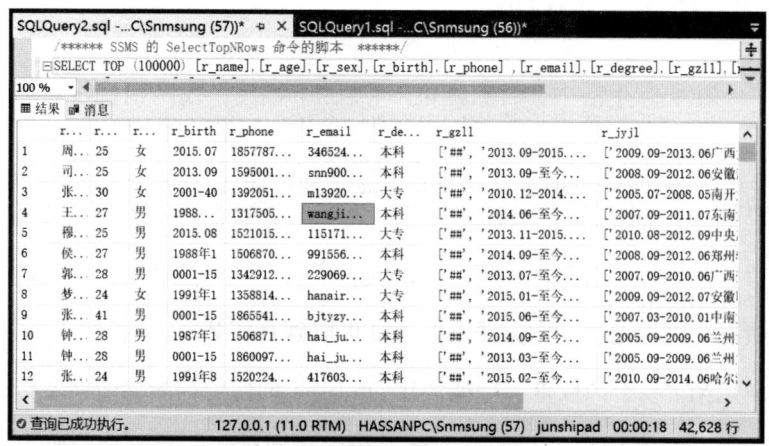

图5-9 简历关键词自动录入数据库

5.3 自然语言处理

上一节，我们对简历进行了转换和关键词提取的处理，但对于智能招聘系统来说，还远远不够，接下来我们对简历做进一步的处理和分析，便于后期对求职人员进行智能化、个性化反馈，以及智能化匹配。

自然语言处理（NLP）

什么是自然语言？自然语言就是我们人与人之间交流的语言，是人类沟通交流、达成一致意见或想法的重要渠道之一。根据定义，自然语言只能限于人与人之间交流，比如给朋友打电话，"小李，我们中午到你家门口的海底捞火锅店一起吃饭吧？"两人相约后，12点准时都到了饭店。而这句话，如果说给阿猫阿狗听，或者说给你的电脑听，一定没有任何意义。假如要想让电脑能够听懂你这句话的意思，必须进行处理，即自然语言处理（Natural Language Processing，NLP）。NLP是人工智能（Artificial Intelligence，AI）的重要领域，属于语言学和计算机科学的交叉学科。在现实科研活动中，NLP扮演着越来越重要的角色。

如今，NLP的场景应用已非常普遍，主要有以下方面应用。

①问答场景（Question answering）。例如智能客服、智能聊天、智能家居、人机对话等场景。

②语音识别（Speech recognition）。声音识别（速记、司法、鉴黄）、语音问答等场景、语音聊天、配音、人机对话等场景。

③机器翻译（Machine translation）。语言翻译是机器翻译应用最普遍的场景之一，相对比较成熟。

④自然语言生成（Natural language generation）。自动写诗、作曲、自动生成新闻、自动写书（文学创作）等场景开始应用。

⑤文本朗读（Text to speech）/语音合成（Speech synthesis）。播音主持、语音对话等场景。

⑥情感分析（Sentiment Analysis）。文本分类、诗歌创作、心理辅导等场景。

⑦信息检索（Information retrieval）。智能搜索、客户推荐、个性推送等场景。

⑧其他。中文自动分词（Chinese word segmentation）、词性标注（Part-of-speech、tagging）、句法分析（Parsing）、信息抽取（Information extraction）、文字校对（Text-proofing）、自动摘要（Automatic summarization）、文字蕴涵（Textual ntailment）等方面的应用。

第 5 章
智能处理及分析

中文分词

中文分词，即将一句话或文本按照词性进行切分，以便于后期的分析、统计、词性标注和关键词抽取等。下面以结巴分词（jieba，中文分词工具）为例加以说明。

示例：胡俊生以优异的成绩毕业于电子科技大学

```
import re
import jieba
text = "胡俊生以优异的成绩毕业于电子科技大学。"
```

图5-10　短文本分词前

执行jieba分词程序，示例语句被切分为：胡俊生/ 以 / 优异/ 的/ 成绩/ 毕业/ 于/ 电子科技大学/ 。

```
Prefix dict has been built succesfully.
胡俊生/ 以/ 优异/ 的/ 成绩/ 毕业/ 于/ 电子科技大学/ 。
>>>
```

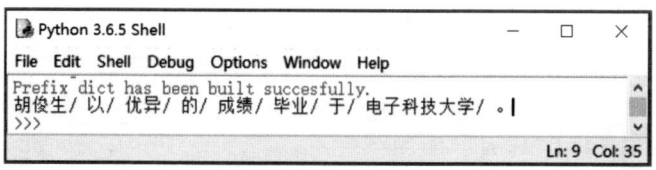

图5-11　短文分词后

停用词过滤

一句自然语言，由主干（主谓宾）、枝叶（定状补）两部分组成，主干就是一句话的本质，而枝叶是未来修饰主干的。NLP中用特定的方法将枝叶过滤掉，称"停用词过滤"。

示例：**胡俊生**以优异的成绩**毕业**于**电子科技大学**

主干：胡俊生、毕业、电子科技大学；枝叶：以优异的成绩、于。

停用词过滤，就是将枝叶等没有意义的词语、标点符号等过滤。在程序中，通过调用停用词库来格式化文本的方法达到停用词处理。下面是停用词过滤的示例。

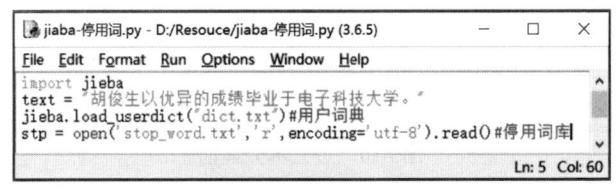

```
import jieba
text = "胡俊生以优异的成绩毕业于电子科技大学。"
jieba.load_userdict("dict.txt")#用户词典
stp = open('stop_word.txt','r',encoding='utf-8').read()#停用词库
```

图5-12　加载停用词库

执行过滤停用词程序后，示例语句被过滤为：**胡俊生/ 毕业/ 电子科技大学**。

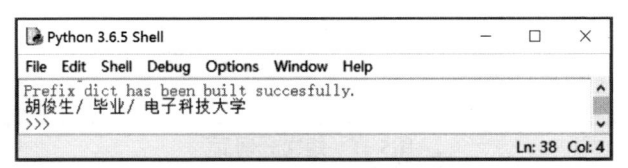

```
Prefix dict has been built succesfully.
胡俊生/ 毕业/ 电子科技大学
>>>
```

图5-13　停用词过滤后效果

词性标注

词性标注是文本数据的预处理环节之一，原始文本在NLP或文本挖掘应用中，首先通过字符分割和字符嵌入被向量化，随后通过词性标注得到高阶层特征，并输入语法分析器执行语义分

第 5 章
智能处理及分析

析、指代消解等任务。

示例：**胡俊生**以优异的成绩**毕业**于**电子科技大学**

```
import jieba
import jieba.posseg as pseg
words = pseg.cut("胡俊生以优异的成绩毕业于电子科技大学")
```

图5-14　词性标注前

执行词性标注程序，示例语句被分别标注为：

胡俊生 nr（人名）

以 p（介词）

优异 a（形容词）

的 uj（结构助词）

成绩 n（名词）

毕业 n（名词）

于 p（介词）

电子科技大学 nt（机构团体）

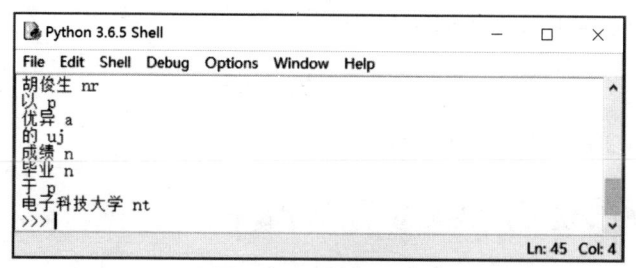

```
胡俊生 nr
以 p
优异 a
的 uj
成绩 n
毕业 n
于 p
电子科技大学 nt
>>>
```

图5-15　词性标注后

关键词提取

关键词提取，就是把文本中跟这篇文章意义最相关的一些词语抽取出来，便于在文献检索、自动文摘、文本聚类（分类）等方面的应用。我们仍然使用jieba工具进行关键词提取演示。围绕关键词提取，jieba提供了两种提取算法，分别是TF-IDF（Term Frequency - Inverse Document Frequency，词频-逆文本频率指数）以及TextRank。下面我们以"TF-IDF算法"为例说明jieba的关键词提取原理。

（1）TF-IDF的计算公式

①词频（TF）计算公式：

$$TF = \frac{某个词在文章中出现的次数}{文章的总词数}$$

②逆文档频率（IDF）计算公式：

$$IDF = \log\left(\frac{语料库文档总数}{包含该词的文档数+1}\right)$$

③TF-IDF计算公式：

$$TF\_IDF = TF \times IDF$$

（2）关键词提取示例

【某企业人力资源总监任职资格】

1. 统招本科及以上学历，人力资源管理、行政管理及相

第 5 章
智能处理及分析

关专业；

2. 快消、连锁、电子商务等大型集团化企业人力资源同岗位工作经验5年或以上；

3. 熟练应用组织结构设计、组织行为研究、组织变革、工作分析、岗位评估、领导力模型、任职资格模型及人才测评相关的方法和技术；

4. 熟悉人力资源管理各模块工作内容，能深入业务一线，提供专业的人力资源解决方案及政策咨询；

5. 具有很强的系统思考、逻辑分析能力、项目管理能力和工作推动力；

6. 人际敏感度高，善于整合资源，具有良好团队合作意识。

7. 年龄在38~45岁之间。

下面我们使用jiaba的TF-IDF算法抽取示例文档中的关键词，示例中的文档被保存为JD.txt，被TF-IDF算法抽取关键词。

```
from jieba import analyse  ## 引入TF-IDF关键词抽取接口
tfidf = analyse.extract_tags
text =open('JD.txt','r',encoding='utf-8').read() ## 引入文档
jieba.load_userdict("dict.txt") ## 用户词典
keywords = tfidf(text)  ## 基于TF-IDF算法进行关键词抽取
print("关键词提取（TF-IDF）：")
```

图5-16　利用TF-IDF算法实现关键词提取

示例程序被执行后，人力资源总监职位要求被jieba程序抽取出了21个关键词：人力资源管理/工作/人力资源/岗位/任职/组织变革/资格/模型/专业/统招/快消/38/45/集团化/领导力/以上学历/结构设计/人际/项目管理/敏感度/。详见图5-17所示。

```
Python 3.6.5 Shell                                    —    □    ×
File Edit Shell Debug Options Window Help
Loading model cost 0.904 seconds.
Prefix dict has been built succesfully.
关键词提取（TF-IDF）：
人力资源管理/工作/人力资源/岗位/任职/组织变革/资格/模型/专业/统招/
快消/38/45/集团化/领导力/以上学历/结构设计/人际/项目管理/敏感度/
>>>|
                                              Ln: 41  Col: 4
```

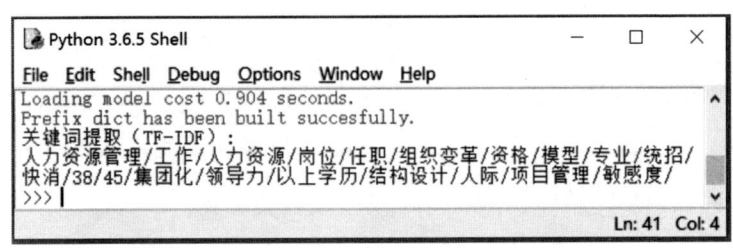

图5-17　TF-IDF算法实现关键词抽取效果

实际工作中，我们为了提取精确度，还需要设置并优化自定义词典，以及通过加载停用词库来进行降噪，使抽取出的关键词更符合文章（或一段文字）所表达的意义。

5.4　智能反馈

如何践行以人为本

在前面的内容里，我们展示了能与求职者互动的AI智能助手，它为人力资源部节约了大量的沟通时间和成本支出，对提高简历质量、加速招聘进程有着重大的现实意义。从某种意义上

第 5 章
智能处理及分析

讲，AI智能助手与求职者在投递简历前进行有效的互动，是人力资源部"以人为本"理念的重大进步和创新，而不是仅仅停留在口号上，否则，与"叶公好龙"的寓言又有何不同呢？当然，人力资源部与求职者的互动远不止于简历投递前，简历投递后的反馈将更有意义。

我们知道，在传统的招聘活动中，求职者投递简历后，几乎没有反馈。据有关数据统计，投递后的反馈率不到1%。笔者不清楚数据方根据哪里的数据做出的统计，是抽样还是大数据回测？我们不得而知。在教科书里，笔者也没有见到过有关的专门介绍；在实际工作中，人力资源部自然会对通过筛选的求职者进行适当的反馈，未通过的求职者（淘汰者）基本"石沉大海"，人力资源部与求职者的关系就此而终结，虽然求职者正在急切地期待来自人力资源部门的消息。

所以，我们强调给求职者进行反馈，就是在践行"以人为本"的工作理念，也才是将"人"当作"人力资源"来看待。

以人为本的AI反馈

随着AI技术的到来，将为人力资源部和求职者之间搭建一座畅通的"桥梁"，通过这座桥梁，双方真正实现公平、透明的交流意见，彼此之间发现对方的优势所在。与前面所讲的智能互动助手不同的是，本节讲述的"反馈智能助手"需要更加个性化地向求职者"汇报"信息。比如求职者简历中缺少"学历教育"项，智能助手在收到简历的第一时间向求职者反馈：学历教育的补充请求反馈。一旦求职者补充简历或重新发送一份完整简历时，智能助手才将该简历推送给处理分析程序，进一步处理分析或职位匹配。再比如，求职者简历被评为较低等级时，智能助手启动正式反馈，发出反馈函：

> 感谢您申请我公司XXX职位，根据您提供的简历，我们发现您的工作年限、行业经验、学历背景三项与职位要求有差距，很遗憾，我们无法为您匹配职位。但我们已将您的简历存放在公司人才库，编号为：××××、密码为：××××，请您据此登录公司人才库并更新自己的简历。我们承诺，一旦公司有适合您的职位，我们将优先进行匹配，并及时与您联络。
>
> 感谢您的信任，祝您工作愉快！
>
> XXX人力资源部 团队建设部

智能反馈助手工作原理

AI智能反馈助手（机器人）工作原理：简历关键词载入人才数据库后，系统立即启动职位库与简历库的关键词的多轮筛选；

第 5 章
智能处理及分析

如果简历完全符合职位要求，则向求职者反馈符合信息；如果简历某一关键词低于（或不匹配）职位关键词要求，则向求职者反馈不符合要求信息，同时告知求职者可在有效期内补充简历，以参与下一轮筛选，详见图5-18所示。

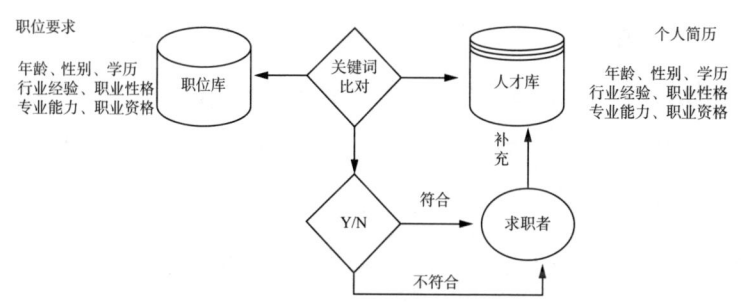

图5-18　智能反馈助手工作原理

针对职位（职位库）和简历（人才库）两个比较样本中的年龄、性别、学历，以及职业资格部分的比较相对比较容易，难点在于行业经验、职业性格、专业能力等方面的对比。因为，行业经验、职业性格、专业能力的表述因人而异、千差万别，这就必须使用NLP文本相似度计算来实现。

文本相似度计算

文本相似度比较，就是判断两个及以上不同文本内容的相似性，我们暂且以数值1为100%相似来表达，例如：

示例1：你很好看 ≈ 你很漂亮 （相似度为<=1）

示例2：他担任公司人力资源总监 ≈ 他是公司人力资源负责人（相似度为1）

示例3：那家公司很好 ≈ 那家公司不赖（相似度为<=1）

以上三个示例中，约等号两边文本文字有差别，但内容一致。不过，这是人工的相似度比较，而计算机并不能像人一样直接识别二者的相似度。如果想要计算机计算不同文本内容的差别（或相似度），就需要做相似度算法设计，交给计算机来执行。下面，我们来认识一下Gensim。

Gensim是一个基于Python语言的神经网络库，用于使用大型语料库进行主题建模，文档索引和相似性检索，目标受众是自然语言处理（NLP）和信息检索（IR）社区。Gensim的输入是原始的、无结构的数字文本（纯文本），内置的算法包括Word2Vec、FastText、潜在语义分析（Latent Semantic Analysis，LSA）、潜在狄利克雷分布（Latent Dirichlet Allocation，LDA）等，通过计算训练语料中的统计实现自动发现文档的语义结构。Gensim属无监督学习算法，这就意味着无须人工输入，即仅靠一组纯文本语料，便可进行潜在语义分析。

示例4：假如有三份简历，分别担任不同行业的企业营销总监，现有一营销总监职位，利用Gensim来计算职位描述与简历描述的相似度。

第 5 章
智能处理及分析

> 简历1：地产、汽车行业，营销总监
>
> 简历2：互联网行业，营销总监
>
> 简历3：互联网，零售行业，营销总监
>
> 简历4：汽车行业，营销总监
>
> 职位要求：零售或汽车行业，营销总监，优先考虑

使用Gensim算法实现示例4中的文本相似度计算，见图5-19。

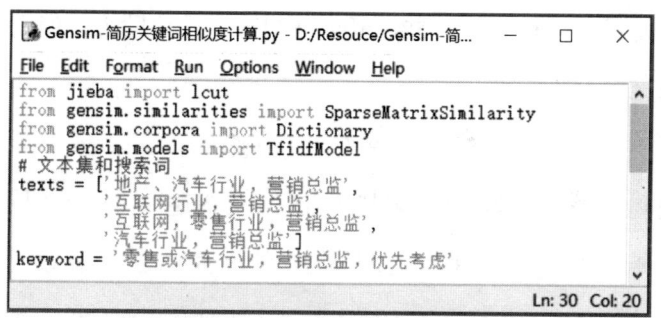

图5-19 使用Gensim算法实现相似度计算

执行Gensim算法相似度计算程序，我们得到如图5-20所示的相似度值。

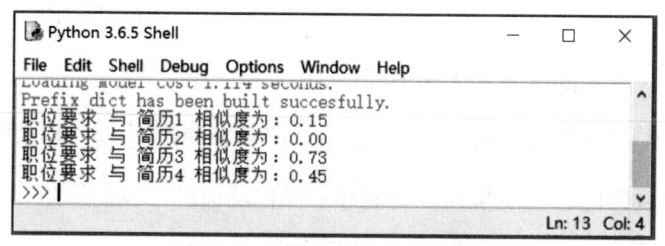

图5-20 Gensim相似度计算结果

AI+HR
智能招聘：人工智能浪潮下的招聘大变局

从执行程序的结果来看，我们发现：简历3与职位的行业要求相似度最高，为0.73；其次是简历4，相似度值为0.45；简历2与职位行业要求的相似度为0。相似度值一经计算得出，我们就可以让计算程序自动完成信息反馈指令了。通常，反馈指令可以通过MSSQL（微软数据库）自带的Emali程序自动发送到求职者信箱，或者通过腾讯微信公众平台推送到求职者微信号，而无须人为操作，也不需人工开发程序，人力资源部唯一要做的就是设计反馈模型，并反复训练AI智能反馈助手，使之越来越精准。

上例中，Gensim计算结果与人工筛选结果几乎完全一致，这说明利用计算机神经网络来判断简历中的描述性语句（不同于性别、年龄等标准化数据）与职位要求的描述性语句匹配度是完全可行的。传统工作中，人力资源部员工正是基于职位的多维度描述基础上，来阅读简历中蕴藏的大量描述性词语，经人工理解、判别后，最终找出最符合职位要求的简历出来。在人工智能算法（神经网络、机器学习）未发展到今天之前，利用计算机进行传统人工模式的搜索是无法做到这一点的。

AI智能反馈助手正是通过比对求职者简历与职位要求进行相似度匹配，实现快速、智能和多样化反馈的。我们知道，所招聘的职位往往设置了数十项关键条件（关键词），再加上同一招

第 5 章
智能处理及分析

聘职位可能吸引上百甚至上千封求职简历，以至于传统人工阅读海量简历就显得力不从心，更别说还要向求职者一一反馈了。所以，人力资源部不向求职者反馈"落选人"的信息，是人力资源部的一项自然法则式的选择。

今天，任何一家机构的人力资源部都可以拥有一位聪明非凡的机器人——AI智能反馈助手，帮助人力资源部进行简历分析、筛选和求职者反馈了。

以下是AI智能助手在向求职者反馈时，须着重分析或对比的关键词：

（1）标准化关键词（无须进行NLP处理）

性别：男，女，不限

年龄：××岁，或出生日期

学历：高中以下，高中，大专，本科，硕士，博士

户籍地：×××省或×××市

居住地：×××省或×××市

婚姻状况：已婚、未婚、离异

联系方式：电话或手机号或Email

（2）描述性关键词（须进行NLP处理）

求职意向：×××职位，×××待遇，×××地

点，等。

自我评价：×××技能，×××等。

工作履历：单位名称、单位性质、单位行业、单位规模、上市与否、担任职位、工作汇报关系、领导人数、服务期间、期间待遇、离职原因，以及工作内容、业绩与贡献等等。

教育经历：学习专业、学历层次、学校名称等。

个性特长：性格特征、职业倾向、特长，个人爱好等。

职业资格：职业资格、专业证书、水平证书、职称证书、奖项及证书等。

其他方面：如培训经历、实习经历、社会公益等。

实际工作中，我们要为关键词分配适当的权重，例如年龄、性别、工作履历和教育经历等要适当加重，其他关键词要适当降低权重，而不宜搞平均化，以免造成误判或误配。

智能反馈助手的实现

本例中，我们采用Gensim进行相似度计算、利用MSSQL的SQLmail或Database Mail自动发送反馈信息。下面以某企业人力资源部发布一份人力资源总监职位招聘启事、收到2封求职简历进一步说明AI智能反馈助手的工作流程。

第5章
智能处理及分析

任职资格（要求，职责略）：

1. 本科及以上学历，有相关行业从业经验者优先考虑，限男性；

2. 5年以上上市公司、医疗集团公司人力资源总监从业经验，5年以上HRD全面管理经验；

3. 了解现代企业人力资源管理模式，对人力资源管理各个职能模块均有较深入的认识，熟悉国家相关政策、劳动法律法规；具有战略策略性思维、强计划性、执行力；

4. 具有良好的服务意识及应变能力，具备处理突发事件的能力.作标准或要求，有效执行其工作，确保集团目标的达成；

5. 年龄在35～45岁之间。

简历一：×××个人简历

基本信息：女，40岁

期望工作地区：广州、深圳、武汉、厦门

期望月薪：20000-30000元/月

期望从事职业：人力资源总监、人力资源经理

期望从事行业：互联网/电子商务、加工制造

自我评价：

AI+HR
智能招聘：人工智能浪潮下的招聘大变局

> 二十年大型制造业人力资源系统管理经验，十年以上人力资源课长、副经理岗位经历，对人力资源管理各项工作有娴熟的处理技巧，熟悉人事工作流程。
>
> 工作履历：
>
> 2001.02-2016.05 XXX电子（广州）有限公司 （15年）
>
> 企业性质：加工制造（原料加工/模具），企业规模：10000人以上
>
> 任职：人力资源副总
>
> 离职原因：职业发展，离职前待遇：30万RMB/年
>
> 教育经历：
>
> 2007.09-2010.06 首都师范大学 人力资源管理 本科
>
> （其他略）

> 简历二：×××个人简历
>
> 基本信息：男，36岁
>
> 期望工作地区：昆山、太仓市、上海、苏州
>
> 期望月薪：20000 RMB
>
> 期望从事职业：人力资源总监
>
> 期望从事行业：加工制造
>
> 自我评价：

第 5 章
智能处理及分析

> 本人从事人力资源部管理近12年时间，精通招聘、绩效考核。
>
> 工作履历：
>
> 2012.05-至今×××百货北京区域 （7年）
>
> 企业性质：零售/批发，民营，规模：5000人
>
> 任职：区域人力资源总监 月薪：10001-15000元/月
>
> 2010.02-2012.03 北京×××服装公司 （2年）
>
> 行业：耐用消费品，企业性质：民营，规模：3000人
>
> 担任职务：集团人力资源部高级经理 待遇：10001-15000元/月
>
> 教育经历：
>
> 2006.09-2009.07 郑州大学 工商管理硕士（MBA）
>
> 1998.09-2002.09 河南科技大学 服装设计与工程 本科
>
> （其他略）

下面我们来运行智能反馈助手。

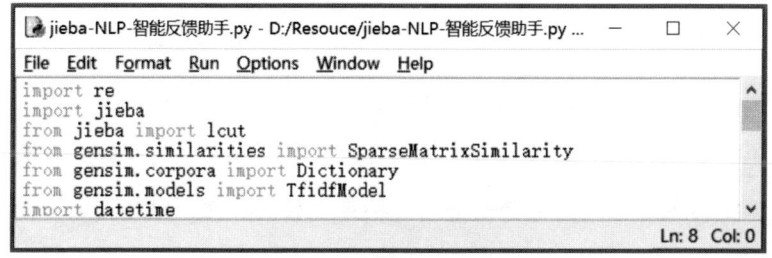

```
import re
import jieba
from jieba import lcut
from gensim.similarities import SparseMatrixSimilarity
from gensim.corpora import Dictionary
from gensim.models import TfidfModel
import datetime
```

图5-21　AI智能反馈助手

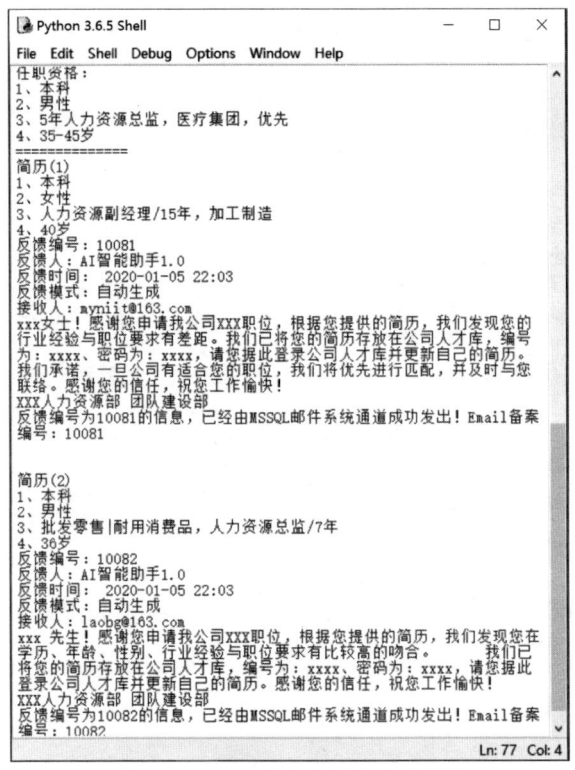

图 5-22　AI智能反馈助手自动反馈

与简历投递前的智能招聘互动助手不同，智能反馈助手需要进行大量的相似度计算，并根据求职人的具体情况进行针对性反馈，所以对人力资源部的专业要求、技术要求相对较高。为此，笔者建议有条件的人力资源部最好设立专门的岗位，或称人力资源工程师。专门处理简历分析、招聘大数据处理，以及人力资源智能化工程业务。

第 5 章
智能处理及分析

小结

传统的人工阅读和处理简历耗费时间、耗费精力，工作效率低下，加上招聘人员的主观偏见，最终造成招聘成本偏高。基于 AI 的简历处理和分析，不仅大幅度压缩了简历审查周期、为企业构建了结构化的人才数据库、向求职者提供公开透明和即时的反馈，更为快速化的精准匹配提供了标准的人才大数据。

第 6 章
智 能 匹 配

6.1　传统查询

6.2　智能查询

6.3　智能匹配

6.4　智能反馈

第6章
智能匹配

大海捞针，易如反掌。

智能匹配，是指AI模拟人类实施的简历与职位自动化匹配行为，它类似于传统招聘网站的搜索功能，但又与其有着本质的区别。AI所具备的多维度、多场景匹配功能是人工匹配模式下无法企及的。在海量数据面前，传统匹配模式下即可让人的大脑"宕机"，而AI智能匹配却能在海量数据里变得"越战越勇"、越来越"聪明"；在处理速度方面，与传统人工匹配相比，AI所耗费的时间几乎可以忽略不计。

6.1 传统查询

传统查询模式

传统的查询匹配一般有两种模式：精准查询模式和模糊查询模式。

所谓精准查询模式，就是被查询匹配对象完全等于查询关键词，如：被查询对象只有"张三"，查询关键词也是"张三"，这时通过精准查询匹配就会返回为"真"的结果。我们在实际工作中，经常会在sql数据库或excel里通过精准查询匹配，来统计公司的男女员工比例。精准查询模式在SQL（Structured Query Language，结构化查询语言）查询语句里，通常被写成：A = B，用集合来表示为：

图6-1 两个完全相等的集合

例如，我们要列出公司所有女士的档案编号，就可以编写如下SQL查询语句：

SELECT r_sex，r_no FROM [表名] where r_sex='女'

在sql数据库里执行该语句后，就得到所有女性员工的档案编号了，如图6-2所示。

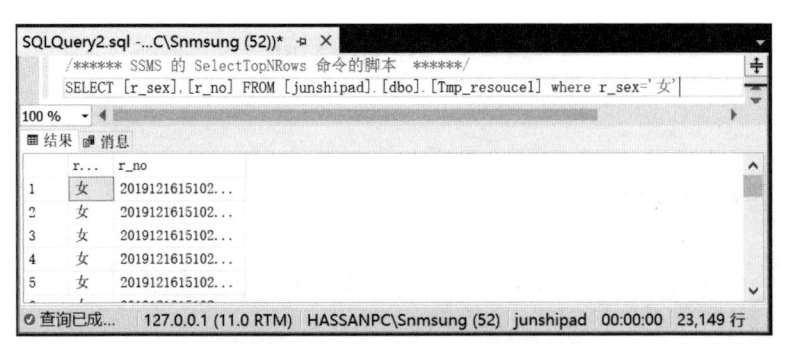

图6-2 SQL精确查询匹配结果

所谓模糊查询模式，是指查询关键词包含在被查询对象之

第6章
智能匹配

中，而不是完全相等。例如在被查询对象里有"张三丰""张三"两个人，而你输入查询关键词"张三"时，结果会同时返回"张三丰""张三"两个人，而不像精确查询只返回"张三"一人。在实际运用中，可以写成：A ∈ B，用集合表示为：

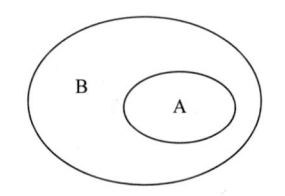

图6-3 包含与被包含关系

模糊查询在实际应用中意义非常大，例如当你要查询员工中本科学历有多少人时，有可能既有本科学历，又有硕士学历的员工，假设你用精确查询，那就会把后者给忽略掉；假设你使用模糊查询，就可以找到被查询匹配对象中所有持有本科学历的员工，而不管他是不是同时拥有研究生文凭。

假如我们要列出所有持有本科学历，以及同时持有本科学历、硕士学历的员工，可编写如下SQL查询语句：

SELECT [r_sex], [r_degree] FROM [表名] where r_degree like '%本科%'

执行以上SQL语句后，数据库返回既有本科，又有本科和硕士兼有的员工，详见图6-4所示：

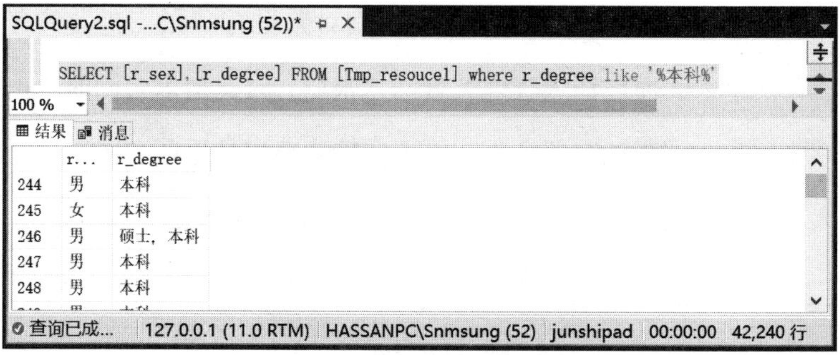

图6-4 SQL模糊查询匹配结果

当然，SQL还提供如下模式的模糊查询，比如以下划线"_"为单字符进行匹配：

SELECT * FROM [Tmp_resouce1] where r_gzll like '＿＿人力资源总监＿＿＿＿'

在工作经验数据集里（r_gzll）只能找到类似"8年人力资源总监工作经历"、总字符长度为12，以及中间一个词是"人力资源总监"的数据记录。

比如SELECT * FROM [Tmp_resouce1] where r_name like '[赵钱孙李]强'
将找出"赵强""钱强""孙强""李强"的员工。
再比如SELECT * FROM [Tmp_resouce1] where r_name like '[^赵钱孙李]强'
将找出，排除"赵强""钱强""孙强""李强"以外的，"某强"。

第6章 智能匹配

此外，还可以使用多条件组合的查询，如一次性查询：年龄在25～45岁之间、性别为男士、学历为本科、期望工作地点在北京、从事人力资源岗、毕业于北京大学或中国人民大学，且工作经验5年及以上的简历。SQL语句为：

```
SELECT * FROM [Tmp_resouce1]
where r_age BETWEEN 25 AND 45          //年龄25-45之间
and r_sex like '%男%'                   //男士
and r_degree like '%本科%'              //本科学历
and r_qzyx like '%北京%'                //期望工作地点在北京
and r_gzll like '%人力资源%'            //从事人力资源岗
and（r_jyjl like '%北京大学%' or r_jyjl like '%人民大学%'）
                                        //毕业北京大学或人民大学
and r_worky >='5'                       //工作经验大于5年
```

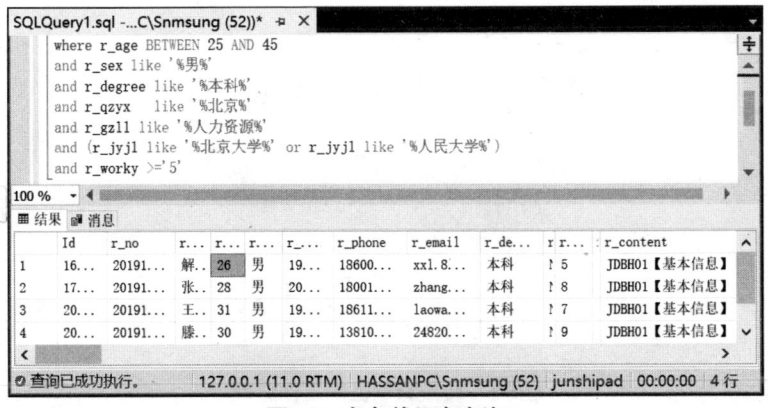

图6-5　多条件组合查询

通过精确查询和模糊查询，我们知道传统的查询模式就是用查询关键词与被查询对象进行匹配,若有就返回"真",若无就返回"假"。如今的人才招聘网站均是利用传统的搜索匹配模式提供查询服务,且基本以性别、年龄、学历等查询关键字为主。

传统查询工作原理

基于传统模式的查询匹配,是基于查询关键词(查询对象)和被查询对象的真假判断来实现的。例如,一个被查询文本集合里面有"我们公司有张三",若查询关键词为"张三",此时的查询匹配结果为真;如若查询关键词为"王九",则查询匹配结果为假,因为文本集合(或数据集)里面没有关键字"王九",所以计算机程序会返回假,如图6-6所示。

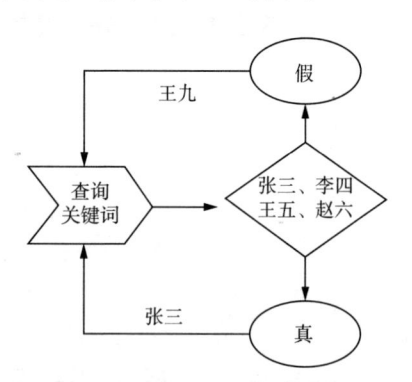

图6-6 传统查询匹配工作原理

第 6 章

智能匹配

6.2 智能查询

智能查询模式

随着简历的个性化（中外文混合）、丰富化（如测评、图片、视频等元素）不断变化，使得传统的查询匹配无法满足工作需要。人力资源部面对海量、多样化的简历时往往都很困惑，所以索性利用简单的性别、年龄、学历、学校名、企业名等进行"粗暴式"分类或查询，有的干脆完全依赖人才中介机构进行筛选。比如，你想在简历库中匹配"8年以上营销总监"任职经历的人才，其中简历库中有一份简历有这段记录：

……

2013年2月－2015年1月 担任×××跨境电商公司 营销副总

2006年9月－2012年9月 担任×××零售集团公司 营销总监

……

从工作履历来看，此人非常符合人力资源部招聘要求，那如何把此人的简历从数据库里面找出来呢？通过传统的匹配模式显然做不到，一来是此人的履历分两个时间跨度，二来是两个时间段所担任的职位名称不一致，所以就会导致无法搜索到此简历，自然也就无法匹配了。而事实是，此人的两段经历中职位名称相似度却很高，再者结合年龄等其他要素看，此人完全符合公司招聘需求。

当然，还有类似"在跨境电商企业任职中，有非洲市场开拓优先考虑"等大量描述性词语的简历，利用传统查询方式来匹配都是无法实现的。

而这些困难，对于NLP技术来讲，正是他们的"战场"。毫无疑问，智能搜索除具备传统结构化数据（SQL）查询的所有能力外，还具有非结构化数据（NoSQL）查询能力。对于上面的案例，NLP可以将两段看似不同的经历合并成一条"虚拟"的文字，然后再拿其与查询关键词"8年以上营销总监"进行相似度计算，如果达到一定值，搜索匹配结果将予以返回，也可以利用查询关键词与每一条工作经历进行相似度计算，然后累计加权，最后将搜索匹配结果返回。

智能查询工作原理

智能查询，顾名思义就是采用基于人工智能技术进行的搜索（或查询）。虽然前面的讨论已经涉及它的一些应用，但事实上智能查询的范畴远远不止于文字搜索（文本搜索），比如百度和谷歌提供的照片搜索功能、声音搜索功能，都是基于人工智能的

第6章
智能匹配

搜索新模式。它除了能提供传统的快速检索、相似度排序等功能外，还可以提供用户角色登记、用户兴趣自动识别、内容的语义理解、智能信息化过滤和推送等功能。根据智能搜索是否使用机器学习的神经网络算法，智能搜索一般分为词频搜索和语义相似度搜索两类。

（1）基于词频搜索——余弦相似度

我们在比较事物、人物时，往往说"那是一回事儿""两个人长得一样"，这都是基于比较的基础上得出的结论。相似度，就是事物间某些特征的相似或相同，那么，到底怎么表达相似度是特别像、一般像或不相似呢？计算机工程师们，常常利用余弦相似度来表示不同事物间的相似度值。余弦相似度用向量空间中两个向量夹角的余弦值作为衡量两个个体间差异的大小，余弦值越接近1，就表明两个向量越相似；余弦值接近0，就表示两个向量的相似度越小。所有的事物相似度余弦值都在0~1之间，当然超出值不是我们今天所要研究的，详见图6-7所示。

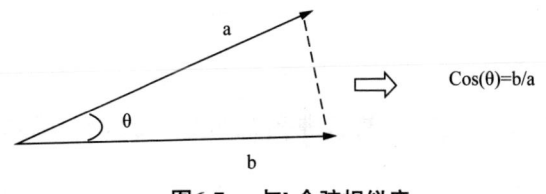

图6-7　a与b余弦相似度

AI+HR
智能招聘：人工智能浪潮下的招聘大变局

余弦函数计算公式：

$$COS(\theta) = \frac{a \cdot b}{\|a\| X \|b\|}$$

三角形越扁平，说明两事物体间的距离越小，相似度就越大；反之，相似度越小。这里的文本相似度计算仅仅是针对短文本或关键词来衡量的，而不用关心它的语义，比如：

文本1：你真好看。

文本2：你真难看。

这两句话相似度0.33，但是它们的语义却截然不同。

下面我们用示例进一步说明相似度值的计算过程，示例：计算两个文本中句子的相似度值计算。

①示例文本内容：

文本A：这份简历内容不完美，那份内容合适。

文本B：这份简历内容不咋样，那份更合适。

②先进行分词：

文本A：这份/简历/内容/不/完美/那份/内容/合适。

文本B：这份/简历/内容/不/咋样/那份/更/合适。

③列出所有词：

简历，份，内容，更，那份，咋样，这份，合适，不，那，完美。

第6章
智能匹配

④列出词向量：

文本A：[1，1，2，0，0，0，1，1，1，1，1，1]。

文本B：[1，0，1，1，1，1，1，1，1，0，0，1]。

⑤计算词向量：

$$\cos(\theta)$$
$$=\frac{1*1+1*0+2*1+0*1+0*1+0*1+1*1+1*1+1*1+1*0+1*0+1*1}{\sqrt{1^2+1^2+2^2+0^2+0^2+0^2+1^2+1^2+1^2+1^2+1^2+1^2}*\sqrt{1^2+0^2+1^2+1^2+1^2+1^2+1^2+1^2+1^2+0^2+0^2+1^2}}$$
$$=\frac{7}{\sqrt{12}*\sqrt{9}}$$
$$=0.6735$$

下面我们使用python相似度计算程序验证上面的两个文本相似度值的计算是否正确：

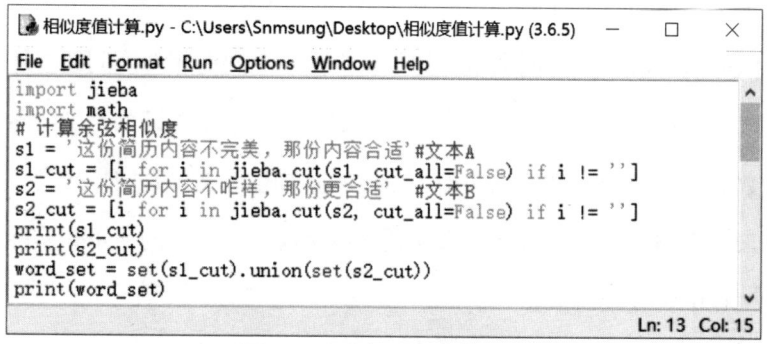

```
import jieba
import math
# 计算余弦相似度
s1 = '这份简历内容不完美，那份内容合适' #文本A
s1_cut = [i for i in jieba.cut(s1, cut_all=False) if i != '']
s2 = '这份简历内容不咋样，那份更合适'   #文本B
s2_cut = [i for i in jieba.cut(s2, cut_all=False) if i != '']
print(s1_cut)
print(s2_cut)
word_set = set(s1_cut).union(set(s2_cut))
print(word_set)
```

图6-8　文本相似度计算程序

运行文本相似度程序，即返回计算结果：两个文本的词向量计算结果、相似度值（Similarity value）与手工计算结果完全一致。

```
Python 3.6.5 Shell
File Edit Shell Debug Options Window Help
Building prefix dict from the default dictionary ...
Loading model from cache C:\Users\Snmsung\AppData\Local\Temp\jieba.cache
Loading model cost 0.939 seconds.
Prefix dict has been built succesfully.
['这份', '简历', '内容', '不', '完美', ',', ',', ',', '那', '份', '内容', '合适']
['这份', '简历', '内容', '不', '咋样', ',', ',', ',', '那份', '更', '合适']
['这份', ',', '份', ',', '内容', ',', ',', '那', '咋样', '简历', '那份', '更', '不', '完美', ',', '合适']
{'这份': 0, '份': 1, '内容': 2, ',': 3, '那': 4, '咋样': 5, '简历': 6, '那份': 7, '更': 8, '不': 9, '完美': 10, '合适': 11}
[0, 6, 2, 9, 10, 3, 4, 1, 2, 11]
[1, 1, 2, 1, 1, 0, 1, 0, 0, 1, 1, 1]
[0, 6, 2, 9, 5, 3, 7, 8, 11]
[1, 1, 2, 1, 0, 1, 1, 1, 1, 0, 0, 1]
Similarity value: 0.67
>>>
```

图6-9 文本相似度程序计算结果

本例中，通过分割句子中的单词、计算词频，并分别计算两个文本中所有句子相似度，从而计算两个文本（不限于2个）相似度值。解决了不同文本（句子或文档）之间的相似度问题，那么智能搜索问题就迎刃而解了，例如我们将搜索关键词与被搜索数据集（语句、文本或文档）当中的所有相似度自高向低排列起来，就解决了整个智能搜索问题，本例仅作了简单的演示，实际工程中要复杂得多。

（2）基于语义相似度的搜索

基于词频搜索的余弦相似度算法相较传统搜索模式能够实现大规模、高效的智能搜索，但它还不能实现不同单词、意义却相同的关键字（或语句）搜索，比如可以实现"人力资源总

第6章
智能匹配

监"和"人力资源经理",余弦相似值为0.5,但"人力资源"与"HR"的相似度值却为0。因为我们人类知道"HR"是人力资源的英语Human Resource的缩写,而计算机却不知道它们之间有什么关系。而基于语义相似度的搜索就是要解决:看似八竿子打不着,却又许多极高相似度的词语(或句子、文档)。但实现基于语义的搜索一直以来都是人工智能的难题之一,实现起来极其复杂,但同时也很难达到100%的准确。不过,至今已有一些算法研究已经取得了较大的进步,例如DSSM(Deep Structured Semantic Models,深度结构语义模型)、Word2vec等。下面我们以Word2vec为例进一步阐述Word2vec的使用方法。

Word2vec是谷歌公司托马斯·米科洛夫(Tomas Mikolov)研究团队创造创建的双层神经网络算法,Google公司在于2013年开放了Word2vec这一款用于训练词向量的软件工具。Word2vec与上面的所讲述的余弦相似度算法重要的不同之处,必须事先根据指定的语料库进行训练,经过优化后的训练模型快速有效地将一个词语表达成向量形式(该向量为神经网络之隐藏层),利用词向量表示词与词之间的关系,从而计算出两个看似完全不同的词语(或语句)的相似度。

①训练文本。首先下载或制作一份语料库,作为训练模型的

"喂料"数据，本例中为笔者在网上收集3000余条人力资源岗位的文本数据，保存为一个名叫"人力资源岗位语料库.txt"的文本文件。运行下面的程序后，系统将自动完成训练模型制作，取名"hrm.model"，见图6-10所示。

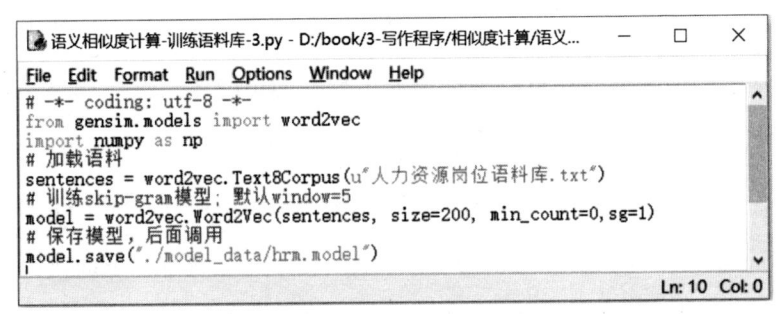

```
# -*- coding: utf-8 -*-
from gensim.models import word2vec
import numpy as np
# 加载语料
sentences = word2vec.Text8Corpus(u"人力资源岗位语料库.txt")
# 训练skip-gram模型；默认window=5
model = word2vec.Word2Vec(sentences, size=200, min_count=0, sg=1)
# 保存模型，后面调用
model.save("./model_data/hrm.model")
```

图6-10 word2vec训练文本程序

②语义相似度计算。加载刚刚训练好的模型"hrm.model"，再输入两个八竿子打不着的关键词"人力资源"和"HR"，运行下面的程序进行两个词语的相似度计算。见图6-11所示。

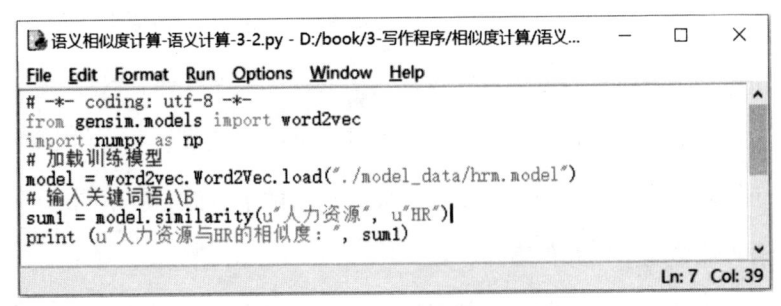

```
# -*- coding: utf-8 -*-
from gensim.models import word2vec
import numpy as np
# 加载训练模型
model = word2vec.Word2Vec.load("./model_data/hrm.model")
# 输入关键词语A\B
sum1 = model.similarity(u"人力资源", u"HR")
print (u"人力资源与HR的相似度：", sum1)
```

图6-11 word2vec执行相似度计算

第6章
智能匹配

语义相似度程序运行后,我们看到"人力资源"和"HR"两个毫无相关词语被训练模型关联在一起,结果显示二者的相似度为:0.9179499,详见图6-12所示。

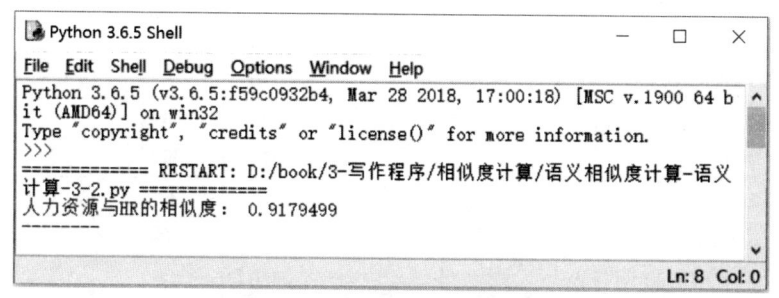

```
Python 3.6.5 Shell
File Edit Shell Debug Options Window Help
Python 3.6.5 (v3.6.5:f59c0932b4, Mar 28 2018, 17:00:18) [MSC v.1900 64 b
it (AMD64)] on win32
Type "copyright", "credits" or "license()" for more information.
>>>
============ RESTART: D:/book/3-写作程序/相似度计算/语义相似度计算-语义
计算-3-2.py ============
人力资源与HR的相似度: 0.9179499
```

图6-12 语义相似度执行结果

这个结果虽然不是1(HR在其他场景意义不同),但已经完全能让我们进行智能化搜索和匹配工作。例如我们输入"人力资源部负责人"时,系统返回"人力资源总监""首席人才官"等结果,输入"我的小舅子"时,系统返回"妻子的弟弟",而不需要输入我的小舅子的真实名字。

简历相似度比较示例

下面,我们将两份简历中的关键词相似度进行了逐项计算,然后再进行加权平均,最终得出两份简历的相似度值,详见表6-1所示。

表6-1　　职位要求与简历相似度值表

职位要求			简历内容		相似度值
①年龄在25～35岁之间	年龄	25～35	简历1	26	1
			简历2	36	0.8
②同等条件下，女士优先	性别	女性	简历1	女士	1
			简历2	男性	0.5
③全日制大专以上学历	学历	大专以上	简历1	本科	1
			简历2	本科	1
④人力资源总监岗位5年以上经历	职位经验	5年以上	简历1	6年	1
			简历2	7年	1
⑤大型互联网行业3年以上经验	行业经验	3年以上	简历1	0	0
			简历2	2	0.6
⑥以往履历中，要求在同一单位工作满足3年以上	跳槽频率	3年以上/次	简历1	1.5年	0.2
			简历2	4年	1
⑦招聘、培训、薪酬福利、劳动关系6大模块全面经验，有三支柱规划、实施经验优先	工作丰富度	0.8以上	简历1	0.95	0.95
			简历2	0.5	0.5
⑧性格温和、善于协调沟通	职业性格	外向型	简历1	0.6	0.6
			简历2	0.9	0.9
⑨持有人力资源专业证书	职业资格	人力资源师	简历1	二级	1
			简历2	三级	1
⑩工作职责（略）	工作经历相似度	职责	简历1	经历相似度	0.6
			简历2	经历相似度	0.5

现在我们来进行加权平均计算：

简历①：（1+1+1+1+0.2+0.95+0.6+1+0.6）/10 = 0.835

简历②：（0.8+0.5+1+1+0.6+1+0.5+0.9+1+0.5）/10 = 0.78

经过计算，我们得到简历1、简历2与职位要求的相似度值分别为0.835和0.78，从数据分析上看，假如仅有两份简历，且只选聘一人的情况下，我们自然而然会优先考虑选择简历1的求职者。实际情况下，智能匹配系统会将上百甚至数千份简历进行相似度计算，并根据相似度值的大小排序，以供人力资源部门逐序判断和选择。

6.3 智能匹配

经过对简历的格式转换、关键词抽取、相似度计算等讲解，读者对简历的智能筛选有了进一步认识。本节以"爱去智能招聘系统"为例来演示如何实现简历与职位的智能匹配。

职位发布

登录"爱去智能招聘系统平台"，依次点击菜单栏的"智能招聘"→"职位发布"→"信息发布"选项卡，即弹出信息发布界面。根据页面提示信息，依次完成用人单位、职位名称、职位类型、职位年薪、学历要求、性别要求、年龄要求、工作职责、任职资格，以及发布人、发布渠道、API等，内容经系统自动检测无误后即可确认上传，如图6-13所示。

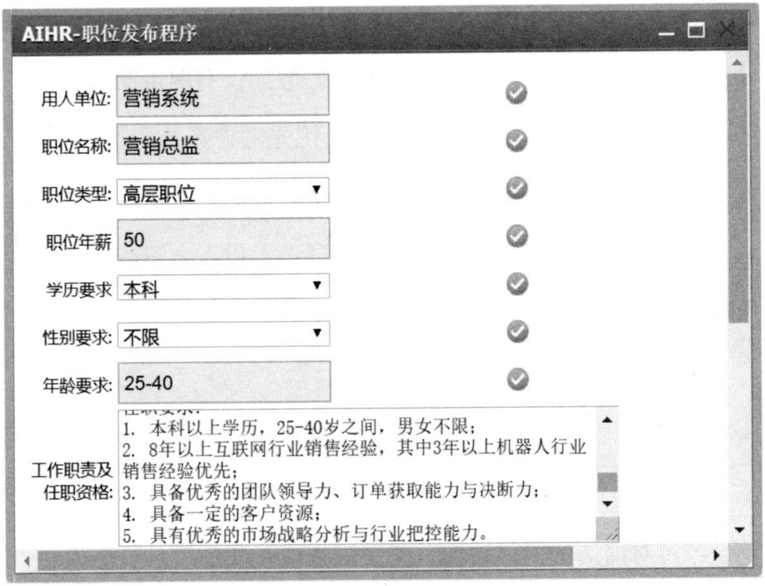

图6-13 职位发布

需要提示的是，由于国内多数招聘网站并未将"工作职责""任职资格"分开填写在两个表单内，所以"爱去智能"系统延续大多数人的操作习惯，将两部分内容录入一个文本框内，在系统执行保存数据时将自动进行拆分存放，以便于后期的匹配。

AI技术可以贯穿整个招聘所有环节，而不是仅停留在简历匹配环节上。对于中文简历关键词提取技术上来看，目前仍然不能做到100%的精准，所以在职位发布时，"爱去智能招聘系

第6章
智能匹配

统"在用户填写时,就进行了相应的关键词提取和比较,例如在"工作职责及任职资格"文本框输入"本科以上学历、25~40岁之间,男女不限"时,系统同时在进行比较运算,核对用户输入在"学历要求""性别要求",以及"年龄要求"等栏目已经输入的信息进行比对,若这些栏目为空,则系统自动填补学历"不限"、性别"不限"和年龄"不限"。

简历处理入库

简历的批量上传或Email下载,以及简历统一化格式转换、关键词提取、简历入库、相似度计算与比较等功能,在前面的章节已经做了相应的讲解,这里不再一一重复。本书所讲述的简历处理,均参考"爱去智能招聘系统"的部分功能进行的演示。由于该系统采用自动处理模式:即不像传统软件系统一样,需要按照流程一步步地频繁操作,而是由系统定时自动扫描招聘信箱的新邮件,然后下载简历信息,再交给主程序进行简历格式转换、关键词提取、简历录入数据库,以及简历相似度计算、匹配等一系列操作,无须人工干预。

智能匹配

智能匹配,就是将职位要求与简历逐个相似度计算,并按照相似度值由高至低按序排列的过程。在讲解有关"智能查询"内容时已做了简单的介绍,实际工作中,一个职位可能需要与上万份简历中的几十万项关键词进行计算和比较。下面我们通过演示"爱去智能招聘系统"的智能匹配过程,加深认识。

进入"爱去智能招聘系统",依次点击菜单栏"智能招聘""智能匹配""智能匹配器"选项卡,系统便进入智能匹配界面。下面,以职位"营销总监"的匹配进一步说明,见图6-14所示。

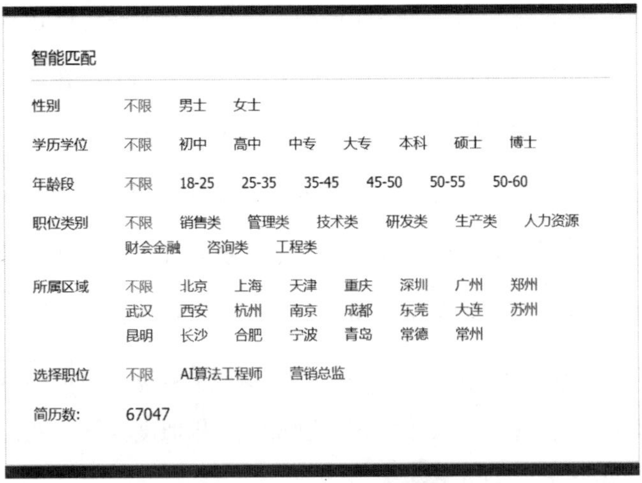

智能匹配							
性别	不限	男士	女士				
学历学位	不限	初中	高中	中专	大专	本科	硕士	博士
年龄段	不限	18-25	25-35	35-45	45-50	50-55	50-60
职位类别	不限	销售类	管理类	技术类	研发类	生产类	人力资源
	财会金融	咨询类	工程类				
所属区域	不限	北京	上海	天津	重庆	深圳	广州	郑州
	武汉	西安	杭州	南京	成都	东莞	大连	苏州
	昆明	长沙	合肥	宁波	青岛	常德	常州
选择职位	不限	AI算法工程师	营销总监				
简历数:	67047						

图6-14 智能匹配首页界面

由于人才数据库简历数已达数万,演示中没有必要所有简历提交给计算机计算和匹配,再者若简历数据量很大,势必对计算机的处理效率也有相应的影响,所以在执行匹配之前先采用传

第6章
智能匹配

统的搜索模式设置过滤条件，以加快系统的响应时间。我们尝试限制性别为"女士"、学历为"本科"、年龄为"25～35"、职位类别为"销售类"等条件过滤下，仍有7115份简历符合筛选条件，见图6-15所示。

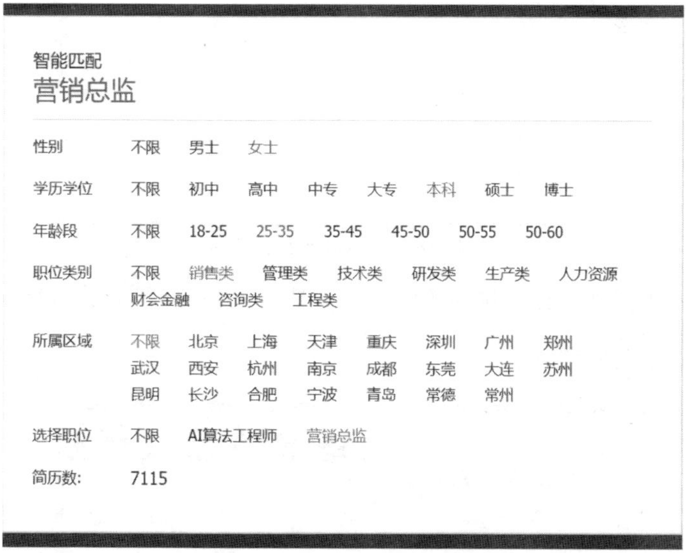

图6-15 传统搜索式筛选效果

根据图6-15所示数据，虽然设置的条件发挥了作用，在6万多份简历中筛选出了7000余份简历，过滤掉89%的简历数量，但这根本不是我们想要的结果，因为你只想在7115分简历中选择几份或甚至是一份。好了，我们点击"智能匹配"下的职位名称"营销总监"，立即执行简历相似度计算和职位匹配，见图6-16所示。

AI+HR
智能招聘：人工智能浪潮下的招聘大变局

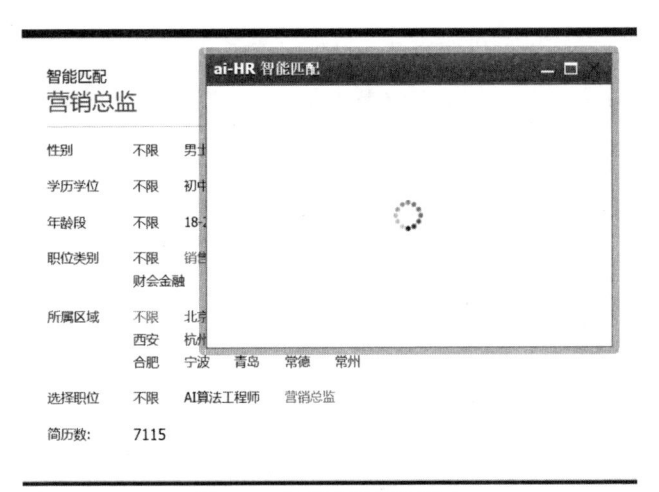

图6-16 相似度计算运行中

相似度计算、排名（匹配）完成，2分钟33秒完成7115份简历，见图6-17所示。

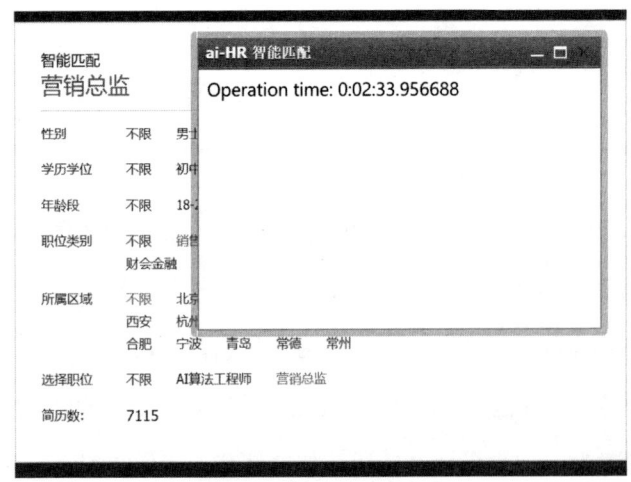

图6-17 相似度计算完毕

第6章
智能匹配

相似度排名

系统将职位要求与7115份简历逐一进行了相似度计算后，接着按相似度值由高至低进行了排序，总耗时2分33秒。此时，只要点击简历编号，原简历和转换后的标准简历就会经超链接打开。

排名	简历编号	相似度	职位代码	操作人
1	20191216201347672	0.642	100003	700003
2	20191216174430927	0.508	100003	700003
3	20191216165529256	0.498	100003	700003
4	20191216171721646	0.48	100003	700003
5	20191216172050050	0.48	100003	700003
6	20191216174425423	0.478	100003	700003
7	20191216172357364	0.477	100003	700003
8	20191216172518472	0.467	100003	700003
9	20191216190052680	0.429	100003	700003
10	20191216172323142	0.418	100003	700003
......				
91	20191216160104249	0.043	100003	700003
92	20191216160111044	0.043	100003	700003
93	20191216164412067	0.043	100003	700003
94	20191216172825102	0.043	100003	700003
95	20191216173928906	0.043	100003	700003
96	20191216212156044	0.043	100003	700003
97	20191216155645624	0.042	100003	700003
98	20191216172239185	0.042	100003	700003
99	20191216172842818	0.042	100003	700003
100	20191216172942973	0.042	100003	700003

图6-18 相似度值排名

根据排名情况，人力资源部可按照相似度值大小再予以人工查看、进一步选择和确认。通过传统关键字过滤的方法，从6万多份简历中筛选出7000余份更有价值的简历，然后通过人工智能的方法对简历进行全方位扫描、比对，计算出每份简历与职位要求的相似度值，并按照相似值大小排序。笔者经过多次试验AI智能匹配与人工匹配做对比，处理准确度略高于人工，也足以说明：AI智能匹配可以替代人工筛选简历。

图6-19 查看原简历或经处理的标准简历

AI智能匹配（或简历筛选），不仅仅局限在替代人类的快速筛选上，它有更多的价值需要我们进一步研究和利用。人工智能在处理简历方面，个人认为与人类相较而言，有以下突出优点。

①AI运行速度快，与人类用时相较而言，几乎可以忽略不计；

②AI与人类分析简历带"有色眼镜"相较而言，它没有偏

见，更不会歧视谁。

③AI可以分析所有人的简历，而传统人工对技术性较强的简历可能看不懂。

④AI的成本几乎为零，而人工则需要企业支付工资成本。

⑤AI适应时间、地域等的变化，也能一如既往地工作着，而人类不能适应这些变化。

这里需要特别指出的是，笔者并非强调传统的搜索（匹配）已经过时，更不是说智能搜索（匹配）要取代传统搜索。而是强调，智能搜索是未来的发展方向，但它的基础还是传统搜索模式。即传统模式和智能模式相结合才可以更好地解决问题。

6.4 智能反馈

简历匹配后的反馈

我们知道，人力资源部的工作职责里没有对求职者反馈的制度安排，即使实践中，也没有人对求职者进行逐一反馈，唯一的例外就是邀请符合条件的求职者进行测试（面试、考试）。前面我们已经对这一现象进行过剖析，对暂不符合条件的"求职者"为什么不反馈，借口无非是以下这些：

①没有必要反馈，没有规定要反馈。

②没有时间反馈，没有精力反馈。

③不知道如何反馈，怎么反馈？

我们在前几章对反馈进行了剖析，并阐明了智能反馈的工作原理。人力资源部在简历匹配后对"淘汰"的求职者进行反馈有何意义呢？

①体现企业对员工的尊重和雇主文化。

②体现人力资源部工作的专业性、丰富性，以及透明度。

③促使求职者补齐简历内容。

④培养未来的合格求职者。

⑤决定录用的条件有简历、考试和测评（或面试），而简历只是其中一项。

利用AI技术逐一反馈

笔者建议有条件的人力资源部，想方设法向求职者反馈有关招聘的全部信息，包括但不限于"年龄、性别、学历、执业经验、行业经验、跳槽频率、工作丰富度、职业性格、职业资格、工作经历"等方面的匹配情况。另外，对经简历匹配合格的求职者还要列明招聘工作的下一流程和具体的时间安排等。

如何利用AI进行信息反馈，本书第5章已经详细予以介绍，

第6章
智能匹配

请读者参考该部分关于AI智能助手的反馈示例及其工作原理，这里不再赘述。

小结

智能匹配模式，以快速、全面、数据化为特点挑战了传统人工匹配模式，是人力资源界里程碑式的进步。传统匹配模式下，即使再专业的人力资源团队，也逃脱不了"自我认知"的偏见，不仅如此，其高昂的成本、拖延的期限、带有偏见的解释，以及对HR自身以外的技术和业务知识领域的无知，完全依靠自身"经验"匹配人才的历史即将过去。

第 7 章
智 能 测 评

7.1 如何定义面试

7.2 神秘的职业预测

7.3 现代职业测评方法

7.4 基于AI的职业测评

第 7 章
智 能 测 评

千里马常有，而伯乐不常有。

人才一直都在，若使用他的人没有发现，他可能一生只能默默无闻。韩愈在《马说》里精辟地论述了千里马（人才）与伯乐（招聘官）之间的关系：如果伯乐不能够从马群里识别出千里马，在马槽里又不能给予足够的粮草，不按照（驱使千里马的）正确方法鞭策它，却拿着鞭子面对它说："天下没有千里马！"这样，纵使有千里马，也难以发挥其才能。

智能测评，挣脱了传统的职业"迷信"，突破了流行于世的"自陈式"职业测评怪圈，它就像一面镜子，让求职者看到：我是谁，我又将走向何方？

7.1 如何定义面试

面试的定义

在地铁里，公交车上，你或许会听到一位年轻人在电话里说，"我马上到公司参加面试"或"我今天面试了3家企业"

AI+HR
智能招聘：人工智能浪潮下的招聘大变局

之类。

今天，我们不得不说，"面试"是被滥用的单词，在实际工作中，有的企业只有面谈，也有的企业象征性让求职者用纸笔做回职业测评，当然也有些企业知道什么是应该做的，什么不该在面试环节出现。本人觉得有以下几点值得澄清：

①什么是面试？是相面，还是当着面考试？

②面谈是什么？有什么标准码？

③谁来主导面试？

百度百科的解释："面试是通过书面、面谈或线上交流（视频、电话）的形式来考察一个人的工作能力与综合素质的一种考试活动。"说实话，这个解释本身就很混乱。

实际工作中，面试多数属于面谈（杂谈），甚至变成了八卦、相面，几乎变成了对求职者的察言观色。现在我们有必要对面试制定标准加以规范，否则就容易乱套。个人觉得只要正确地回答了上面的问题，标准就自然制定出来了。

①面试的第一个功能是对求职者进行专业考核（岗位相关理论知识或技能测试）；

②面试的第二个功能是对求职者进行职业兴趣测评（包括人格）；

③面试的次要功能是招聘人员与求职者进行的面谈（了解语

第7章
智能测评

言表达、沟通等能力）；

④由人力资源部主持专业考核、职业测试和面谈。

综上所述，面试就是由人力资源部主持，对求职者进行的专业考核、职业兴趣测评和面谈。

面试的最后营地

值得庆幸一下，我们终于对面试有了更加深入的认识，并赋予其一定的要求和工作标准。现在看来，标准化"面试"的过程也是在"肢解"它。因为专业考核可以做成标准化，职业测评也可以，唯一面谈似乎很难标准化。那么，我们就索性将专业考核、职业测评分离出来，因为它与"面谈"混在一起，也会失去标注化和专业化。

所以，所谓的面试（即面谈），本质上就是通过与求职者进行面对面的沟通，了解求职者的语言表达能力，并由此推断出其协调能力、价值观等信息的过程。

人力资源工作较为系统和正规的企业，已经开始重视职业测评和专业考核的专业化运作，个别企业已开始尝试利用AI的力量重塑职业测评和专业考核工作。所以，留给面试环节的工作只剩下面谈了。我们虽然要求面谈主要围绕双方的价值观进行，但我们仍然相信这是最难以标准化的最后一块营地。

AI+HR
智能招聘：人工智能浪潮下的招聘大变局

基于AI的面试

远程视频面试早已不是什么新鲜事物，但基于AI的远程面试却并不多见，因为传统的远程视频面试还是人与人之间的交互，而基于AI的远程面试是人机交互，例如HireVue、daydao等。基于AI的面试工作原理：①AI机器人向求职者发问（预设）→ ②求职者回答 → ③AI机器人对求职者语音及图像表情进行分析处理 → ④AI机器人根据算法推断求职者心理特征并画像。相较传统的面试，AI面试具有如下优点：

①节约时间。基于AI的面试通过网络完成，求职者无须抵达传统面试中的"现场"，所以求职者可利用空闲时间与AI面试机器人完成"面谈"。

②节约成本。求职者选择AI面试，无须抵达现场，由此便可节约一笔交通成本费用，人力资源部也将节约一部分人工等成本支出。

③消除紧张感。传统面试中，陌生的环境等因素往往对求职者造成紧张感，一定程度上影响表达效果，而AI面试完全可以忽略这些因素的影响。

④消除歧视。传统面试过程中，难免会有面试官的个人偏见夹杂其中，如在求职者性别、年龄、形象等方面会出现不公正的

第7章
智能测评

评价现象,而AI毫无偏见。

随着AI在人力资源领域的"深耕细作",基于云服务的AI面试API定会在近期陆续开放,与AI面试软件商一起争抢市场,届时企业人力资源部门只需简单引用云服务的API,便可轻松实现AI面试服务。

即使有面试平台提供AI算法支持、面试软件厂商提供成熟的产品,但笔者仍然建议有条件的企业人力资源部设置人力资源AI工程师岗位,以打造本企业专属AI面试机器人。

基于AI的考试

专业考试,是对求职者掌握知识、技能程度的检验,也称为专业考核。一直以来,人力资源部对求职者进行考试颇感棘手,原因是人力资源部对专业技术、专业知识不可能精通,所以往往要依赖用人部门进行相关的考试。另一方面,假如在参加考试的100人中间只录用一个人的话,那考试的成本的确也不会低了。与AI面试一样,如果借助于人工智能进行考试,对于雇佣双方会有如下好处。

①节约时间。求职者可以选定在节假日、下班后的空闲时间参与AI考试,完全不占用工作时间。人力资源部几乎不需要参加,因为出题、收卷、判卷全由AI实施,所以相应也会节约大量

的时间。

②节约成本。若求职者选择了AI考试，就不必达到现场，可节约一笔交通成本费用。

③不再拘泥于具体地点。AI机器人主导的考试，可以在虚拟空间完成，所以，求职者可以任何地点完成答题。

④人力资源部不再局限于任何专业技术。AI可以生成海量级专业试题库和答题集，考试时AI随机调取试题库，由于试题随机抽取，同一职位试题往往不一样，可有效避免求职者相互透题。

同样，我们完全可以参照第四章"智能互动助手"的步骤设计一个智能考试助手。其工作原理详见图7-1所示。

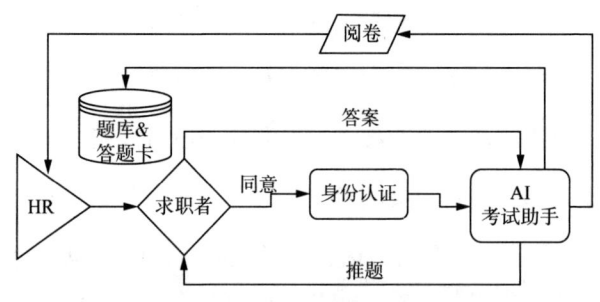

图7-1 AI考试助手工作原理

下面我们以"爱去智能考试助手"为例，进一步说明AI考试的过程。AI智能助手通过API方式绑定在公众号上，求职者只需要关注后即可完成链接。

第 7 章
智 能 测 评

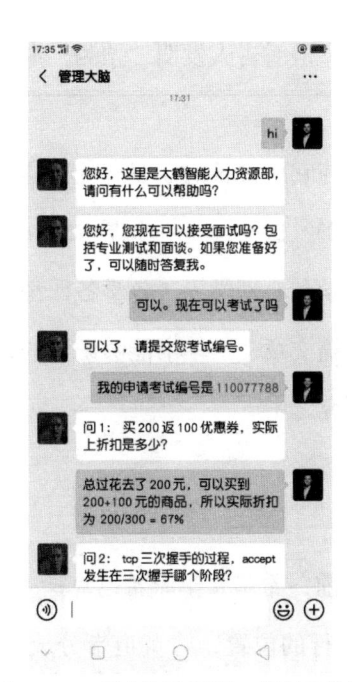

图7-2　AI考试助手出题、求职者作答

7.2　神秘的职业预测

父辈们经常提起，在我出生100天的当日，家人拿出一颗苹果、一本书和一杆秤，同时放在只有三个月大的我面前，用来预测未来命运属于哪一类、人生走哪一条道儿。父亲说：当时我最先摸到的是那本书，就推断我的一生命运将与书有关。

父亲、母亲始终坚定地认为这就是我命中注定的事情，可我总也没有相信过它。但对古人发明"预测"命运的道场、道具却颇感兴趣。

一个人的性格与它所擅长的职业有什么样的联系呢？如何判定一个人的性格类型？这的确是一个既古老又复杂的话题，在如今高度发展的生理学和心理学界，各学各派都难以达成共识。当然，这也绝非是一篇文章、一本书能够说清的，大量的问题与质疑，都在争议和研究之中。

西方的十二星座

据说2000多年前，希腊文学家希巴克斯（Hipparchus）为标识太阳在黄道上运行的位置，将黄道带分成十二个相等区段，以春分点为0°，自春分点算起，每隔30°为一宫，并以当时各宫内所包含的主要星座来命名，依次命名为白羊（Aries）、金牛（Taurus）、双子（Gemini）、巨蟹（Cacer）、狮子（Leo）、处女（Virgo）、天秤（Libra）、天蝎（Scorpio）、人马（Sagittarius）、摩羯（Capricom）、水平（Aquarius）、双鱼（Pisces）等宫，称之为黄道十二宫。在地球运转到每个星群时所出生的婴儿，长大以后就有与该星座相似的特质和命运，人们逐渐将这些联想赋予越来越多的神话色彩，慢慢形成今天的十二星座理论。如表7-1所示。

第7章
智能测评

表7-1　　　　　　　　　十二星座分类表

星符	星座	人生阶段	人体部位	出生日期	性格特征
♈	白羊座	婴儿	头部	3.21~4.19	热情/冲动/自信
♉	金牛座	幼儿	颈/喉咙	4.20~5.20	固执/耐心/慢郎中
♊	双子座	儿童	手臂/手掌/肩/肺	5.21~6.21	多变/好奇心/花心
♋	巨蟹座	少年	胸/胃/子宫/消化	6.22~7.22	温柔体贴/善良/同情心
♌	狮子座	青年	脊椎/心脏	7.23~8.22	慷慨/大方/自负自大
♍	处女座	青年	小肠/腹部	8.23~9.22	完美主义/挑剔/认真
♎	天秤座	成年	腰部/肾脏	9.23~10.23	优雅/公正/追求和平
♏	天蝎座	中年	生殖器官/泌尿	10.24~11.22	爱恨分明/冷酷/神秘
♐	射手座	老年	大腿/臀部	11.23~12.21	乐观/热爱自由/粗心
♑	摩羯座	死亡	头发/皮肤/骨头	12.22~1.19	古板/稳重/严肃
♒	水瓶座	重生	小腿/血液循环	1.20~2.18	智慧/独特/叛逆
♓	双鱼座	灵魂	脚掌/脚踝	2.19~3.20	幻想/奉献精神/多情

来源：互联网。

十二星座在科学上虽然不被承认，但在民间却有很大的市场，甚至成为一些企业选择员工的一项指标，但主色调已沦为娱乐。一些爱好者还写了许多有关十二星座的计算机程序，并建立网站供人们查询。

中国的十二属相

我国传统以干支纪年,"干"即十天干:甲、乙、丙、丁、戊、己、庚、辛、壬、癸。"支"即十二地支:子、丑、寅、卯、辰、巳、午、未、申、酉、戌、亥。十个天干依次与十二个地支搭配,即进行数学上的两两排列组合,每个组合代表一个年度。12和10的最小公倍数是60,所以一轮配下来刚好配对60组,也就是60年,俗称一个"甲子",相当于西方100年为一个"世纪"。中国古代,这些纪年方法掌握在上层社会,计算过程复杂、也不便于记忆,后来将12个常用的动物形象来代替十二地支,即鼠、牛、虎、兔、龙、蛇、马、羊、猴、鸡、狗、猪,俗称十二生肖。每个动物相继代表一年的时间,即12年完成一轮循环,完成5轮即60年。

后来,人们为十二生肖赋予了神秘色彩,该年出生的人:其命运与当年的动物特征关联,如鼠年出生的人胆小怕事儿、虎年出生的人凶狠残暴等,如表7-2所示。

表7-2　　　　　　十二生肖表与个性

标志	生肖	个性特点
	子鼠	①做事积极,头脑机智手脚灵巧。②待人和蔼,有自我约束力,遇事能替人着想。③适应性强。弱点是:稍微胆小怕事,多疑保守

第7章
智能测评

续表

标志	生肖	个性特点
	丑牛	①勤奋努力，有进取心。②忠厚老实，务实。③有正义感，爱打抱不平。弱点是：固执己见，缺乏通融；有时钻"牛角尖"，主观独断
	寅虎	①有雄心壮志。②敢想敢干，勇于开拓。③热情大方，顽强自信。弱点：易动感情，自以为是，稍微有点孤傲任性，刚愎自用
	卯兔	①温柔、善良、乐观，感情细腻。②精明灵活，体谅他人。③气质高雅，思维细腻。弱点：虚荣心，性情不稳定，满足于现状的时候多
	辰龙	①勇往直前，有进取心。②专心致志，果断肯干。③孝顺、慷慨，善于理财。弱点：容易急躁，盛气凌人，主观固执，不服输
	巳蛇	①专心致志，认真负责。②心灵手巧，思路敏捷。③精力充沛，随和开朗。弱点：摇摆不定，心胸狭窄，性情多疑，不太信任他人
	午马	①精力旺盛，刚毅果断。②善恶分明，耿直热情。③能言善辩，不怕困难，勇往直前。弱点：欠缺冷静，有时急躁，个性较为倔强
	未羊	①研究欲强，富有创造性。②善良、宽容、顺从。③有耐心，不惹是非。弱点：易动感情，主观性差，随波逐流优柔寡断，总犹豫不决
	申猴	①有进取心，喜欢竞争。②多才多艺，多面手。③略有虚荣心，生活浪漫，不受拘束。弱点：嫉妒心，轻浮散漫，性情多变，缺诚信
	酉鸡	①精力充沛，善于言谈。②调查研究，讲究效率。③果断、敏锐、好表现自己，心强好胜。弱点：爱争善辩，固执己见，稍微自私
	戌狗	①意志坚定，忠实可靠。②正义、公平、敏捷。③聪明、有见识，有条理。弱点：有时急躁，顽固，不计后果

续表

标志	生肖	个性特点
	亥猪	①真挚、诚实、有同情心。②精力旺盛，待人诚实。③专心致志，凡事热心。弱点：易动感情，固执保守，目光短浅，脾气不稳

来源：互联网。

该理论与西方人的十二星座类似，虽然不被科学界承认，但在民间还是深入民心。择偶时，看对方的属相是否"相配"，求职时推算上司或老板的属相与自己是否"相克"，也是公开的秘密。爱好者们编写了有关十二属相的程序，甚至在采用大数据、人工智能技术，供人们预测爱情运势、事业学业、财富运势、健康运势时使用，虽然是人们常关心的话题，但基本已趋于娱乐化。除了十二属相外，中国古时还有抽签预测、八卦预测、相面预测等命运预测的方法，均属于带有娱乐色彩的民俗。

日本的血型决定论

1902年奥地利著名医学家、生理学家卡尔·兰德斯坦纳（Karl Landsteiner），从输血失败的研究中，发现人类血液按红血球与血清中的不同抗原可分为许多类型，于是他把血型分成A、B、O、AB四种。由于兰德斯坦纳的研究成果意义重大，

第7章
智能测评

1930年获得诺贝尔医学及生理学奖，由此，现代血型系统正式确立。血型被确立之后，由此也诞生了各种各样的血型与性格的研究。

日本人古川竹二对1245名对象进行了抽样调查，在1927年心理学研究会上发表了他的学说，继而在学术刊物《心理学研究》杂志上发表了题为《血型与性格学的研究》系列论文。他认为，A型人顺从听话，B型人感觉灵敏，O型人意志坚强，AB型是A型和B型的混合，外表是A型，内里是B型。他还声称，那些有较多的O型和B型的人群，要比以A型和AB型为主的人群活跃，由此又可以给日本城市贴上性格标签：东京、大阪、名古屋是活泼的，而东京都是温顺的。这些说法在学术界接连受到了批驳和嘲笑，但在民间却奇迹般地被视为科学新发现而被普遍接受。1971年，一位名叫能见正比古的记者写了《以血型了解缘分》的书，再次掀起了血型决定职业、决定婚姻的热潮。能见正比古本人并非医学出身，他的书更像是天方夜谭，他所用的研究方法也不够科学，也因此受到了日本心理学界的抨击，但追随者如潮，加上世界各国学者积极加入"血型"与性格和命运的研究，血型论风靡全球，至今仍然有大批的信奉者。血型论的观点如表7-3所示。

表7-3　　　　　　　　血型与性格

血型	优点	缺点
A型	具有创造性/理智	过分认真
B型	积极/实干家	自私/不负责任
O型	善交际/乐观	自负/粗鲁
AB型	冷酷/克制/理性	犹豫/批判性的

西方的血型与性格

1964年12月，著名心理学家雷蒙德·卡特尔（R.B.Cattell）等人在著名学术刊物《美国人类遗传学杂志》（American Journal of Human Genetics）发表题为《血液群体与性格性状》的论文，他们发现其中有一项（"温顺—坚强"）与ABO血型"显著"相关。1973年，另一份著名学术期刊英国《自然》发表了一篇由牛津和剑桥大学的研究人员合写的小论文，根据他们对牛津周围乡村的534人调查的结果，发现智商与ABO血型有关，A2型平均智商（111.16）略高于O型（109.75），后者高于A1（106.95）。1980年，斯万（D.A.Swan）等人在一本人类学杂志《人类季刊》上发表了一篇论文。他们发现另外一项（"放松—紧张"）：O型比A或B型紧张，AB型最紧张。直到1983年，英国斯旺西大学的两名研究人员在《自然》发表论文，他们研究了英国输血中心登记的献血者血型和社会经济地位的关系，得出结论说：A型有更多的几率（约15%）出现在第一、二等的社会等级，从事创造

第 7 章
智 能 测 评

性的工作。

直到1990年，英国和爱尔兰的研究团队对爱尔兰的血库情况做了调查，未能发现ABO血型与社会经济地位有关。2002~2005年，在著名的心理学期刊《人格与个性差异》（Personality and Individual Differences）上发表的3篇论文，均称未发现血型与性格相关。他们认为，以前的血型与性格的关联性结论是调查取样问题，是统计学意义上的假象。后来经一系列的研究发现，血型与性格均被后来的学者证伪，均属于统计抽样问题造成的。结论：血型与性格不相关，与职业更无直接联系。

十二星座、十二属相，以及血型说，虽然被证明没有科学依据，但仍然有很多追捧者，究其原因，就是它们的测评方法简洁，十二星座与十二属相只要报上你的出生年月即可测算，而血型的方法也很简单：验血型，而且血型终生不变。

7.3 现代职业测评方法

MBTI

MBTI（Myers Briggs Type Indicator，迈尔斯性格类型指标）人格理论的基础是著名心理学家卡尔·荣格（Carl Gustav

Jung，1875~1961）关于心理类型的划分，后由美国的心理学家Katharine Cook Briggs（凯瑟琳·库克·布里格斯）与其母亲Isabel Briggs Myers（伊莎贝尔·布里格斯·迈尔斯）将人格与职业倾向关联，组合成16种人格特质，由此形成MBTI理论系统。

MBTI显示了人与人之间的差异，而这些差异产生于：

①他们把注意力集中在何处，从哪里获得动力（外向、内向）；

②他们获取信息的方式（实感、直觉）；

③他们做决定的方法（思维、情感）；

④他们对外在世界如何取向（判断、知觉）；

表7-4　　　　　　　　MBTI分类表

维度	类型	英文及缩写	类型	英文及缩写
注意力方向	外倾	E（Extrovert）	内倾	I（Introvert）
认知方式	实感	S（Sensing）	直觉	N（iNtuition）
判断方式	判断	J（Judgement）	知觉	P（Perceiving）
生活方式	思维	T（Thinking）	情感	F（Feeling）

MBTI在理论上为人格设计了四个维度，四维度之间不会有交叉，所以在一个平面维度里无法进行对特定群体里所有人构建表现空间。而是以性格的外向与内向为基础，将感觉与直觉、思维与情感、判断与理解进行分别组合，通过两两组合的方式，最

终组合成16种人格特质,见图7-3所示。

外倾(E)　　　　　　　　　　　　　　　　内倾(I)
实感(S) 　　　　　　　　　　　　　　　　直觉(N)
判断(J) 　　　　　　　　　　　　　　　　知觉(P)
思维(T) 　　　　　　　　　　　　　　　　情感(F)

图7-3　MBTI空间构造图

表7-5　　　　　　　　　　MBTI 16类人格

类型	简称	类型	简称
内倾感觉思维判断	(ISTJ)	内倾感觉情感判断	(ISFJ)
内倾直觉情感判断	(INFJ)	内倾直觉思维判断	(INTJ)
内倾感觉思维知觉	(ISTP)	内倾感觉情感知觉	(ISFP)
内倾直觉情感知觉	(INFP)	内倾直觉思维知觉	(INTP)
外倾感觉思维判断	(ESTJ)	外倾感觉情感判断	(ESFJ)
外倾直觉情感判断	(ENFJ)	外倾直觉思维判断	(ENTJ)
外倾感觉思维知觉	(ESTP)	外倾感觉情感知觉	(ESFP)
外倾直觉情感知觉	(ENFP)	外倾直觉思维知觉	(ENTP)

MBTI是一种迫选型、自陈式性格评估理论模型,用以衡量和描述人们在获取信息、做出决策、对待生活等方面的心理活动规律和性格类型。通过MBTI模型,性格和职业之间的联系得到了比较清晰地阐释。经过了长达50多年的研究和发展,MBTI已经成为当今全球较为著名和权威的性格测试。现已经广泛应用到企业招聘、心理学测量、内部人才盘点及职业规划、职业测试等众多领域。

MBTI系统虽然很流行，但近几年对它的批评也很多，例如，亚当·格兰特在《告别MBTI——流行终归是流行》中彻底否定了MBTI的合理性和实用性。原因是他本人曾经两次测量，但结果完全不一样；二是认为测量的指标组合不合理。近日美国国家科学院也指出，荣格的"心理类型"缺乏统计学分析，源自该理论的MBTI存在天然的缺陷，测完之后并不能增加"自知之明"，用来做职业规划更是不靠谱。美国国家科学院继续说：没有足够设计良好的研究支持在职业咨询项目中使用MBTI，不推荐在职业咨询中使用MBTI测试。

在笔者看来，MBTI既不像MBTI职业规划师鼓吹的那样如何"神奇准确"，也不是亚当·格兰特等人宣称的"毫无用处"。观点如下。

①优点。MBTI将群体个体划分16类，本身也是一种进步，在一定程度上揭示了个体人格特质与职业倾向的关系，具有一定的现实意义。不像血型决定性格论、十二星座论、十二属相论滑稽可笑。

②缺点。MBTI最大的缺陷是自陈式测评，"我来告诉你我是谁"的自陈式测试，可能会导致由于测试者心情不一样时造成测评结果不同的现象，甚至相互矛盾。如果让两个测评机构对同

第 7 章
智 能 测 评

一人做测评，即使同一天进行测评，也会因测评者的"自我伪装"、测评师的素养差异、测评题库的差异，进而造成不同的结果。

DISC

DISC（Dominance Influence Steadiness Compliance，马斯顿性格），是基于美国心理学家威廉·莫尔顿·马斯顿（William Moulton Marston）的《Emotions of Normal People》（常人的情绪）理论体系构建，用来研究由内而外的人类正常的情绪反应的理论，被称为"人类行为语言"，后来人们将其发展到人格测评，也就是大家所熟知的DISC测评。DISC认为，人有四种基本的性向因子，这些性向因子以复杂的方式组合在一起，构成了每个人独特的性格，并以下面四个维度特质对个体进行描述，详见图7-4所示。

```
                    行为积极
                      │
     ┌──────────┐    │    ┌──────────┐
     │ D 支配/老板型 │    │    │ I 影响/互动型 │
     └──────────┘    │    └──────────┘
充满 ─────────────────┼───────────────── 充满
敌意                   │                   友好
     ┌──────────┐    │    ┌──────────┐
     │ C 谨慎/修正型 │    │    │ S 稳健/支持型 │
     └──────────┘    │    └──────────┘
                      │
                    行为消极
```

图7-4　DISC类型图

表7-6　　　　　　　　DISC分类表

类型	英文及简称	职业	英文或简称
支配型	Dominance（D）	老板型/指挥者	The Director
影响型	Influence（I）	互动型/社交者	The Interact
稳健型	Steadiness（S）	支持型/支持者	The Supporter
谨慎型	Compliance（C）	修正型/思考者	The Correcto

DISC理论相对MBTI简单、易懂，但DISC测评也有其类似的缺点：属于自陈式评估，被测试者对问答的理解程度、伪装、以及人生阅历等，都会影响测评的结果。

霍兰德职业兴趣自测

霍兰德职业兴趣自测（Self-Directed Search）是由美国职业指导专家霍兰德（John Holland）根据他本人大量的职业咨询经验及其职业类型理论编制的测评工具。霍兰德认为，个人职业兴趣特点与职业之间应有一种内在的对应关系。依据这些兴趣特点，可将人格分为研究型（I）、艺术型（A）、社会型（S）、管理型（E）、常规型（C）、现实型（R）六个维度，每个人的性格都是这六个维度的不同程度组合演变而来。霍兰德给每个性格类型都匹配了相应的职业，供测试者测量和自我鉴别，详见表7-7所示。

第7章
智能测评

表7-7　　　　　　　　霍兰德职业倾向类型表

类型	特征	职业倾向
社会型（S）	喜欢与人交往、善言谈、愿意指导和帮助别人。关心社会问题、渴望发挥自己的作用。积极寻求广泛的人际关系，比较看重社会责任	教育工作者、社会工作者、媒体从业人员、组织对外联络人员等
管理型（E）	追求权力和物质财富，具有领导才能。喜欢竞争，敢冒风险、有理想和抱负。为人务实，习惯以利益得失，如权利地位和金钱来衡量人和事	企业领导人、政府官员、营销人员、法官、律师、会计师、审计师等
常规型（C）	尊重权威和规章制度，习惯按计划办事、细心、有条理，愿意听从他人指挥和领导。喜欢关注细节，通常较为谨慎和保守，不喜欢冒险和竞争	如：秘书、办公室人员、司机、会计、行政助理、图书馆管理员、出纳员、打字员、投资分析员
现实型（R）	擅长使用工具从事操作性工作，动手能力强，做事手脚灵活，动作协调。偏好于具体任务，不善言辞，做事保守，较为谦虚。社交能力弱，通常喜欢独立做事	技术性职业（计算机维修人员、摄影师、制图员、机械装配工），技能性职业（木匠、厨师、技工、修理工、农民、一般劳动者）
研究型（I）	思想家而非实干家，抽象思维能力强，求知欲强，肯动脑、善思考。喜欢独立的和富有创造性的工作。知识渊博，有学识才能，不善于领导他人。做事喜欢精确，喜欢逻辑分析和推理	如：科学研究人员（科学家、研究员）、工程师设计人员、计算机编程人员、系统分析人员、医生，等等

续表

类型	特征	职业倾向
艺术型（A）	富有想象力，有创造力，喜欢创新，标新立异，渴望表达自己的观点。做事理想化，追求完美，往往不切合实际。具有一定的艺术才能和先见性。善于表达、乐于表现	如：艺术方面（演员、导演、艺术设计师、雕刻师、建筑师、摄影师、广告师），音乐方面（歌唱、作曲、指挥），文学方面（作家、诗人）

霍兰德的职业理论体系，可以由6个类型在一个维度内构建一个6边形，并构建出了相邻关系、相对关系，一目了然。例如，经过对某人测试后，数值分别是：常规型（C）值为5、现实型（R）值为9、研究型（I）值为9、管理型（E）值为8、社会型（S）值为7、艺术型（A）值为6，则可以使用雷达图来直观地标注职业兴趣偏向R区域，见图7-5所示。

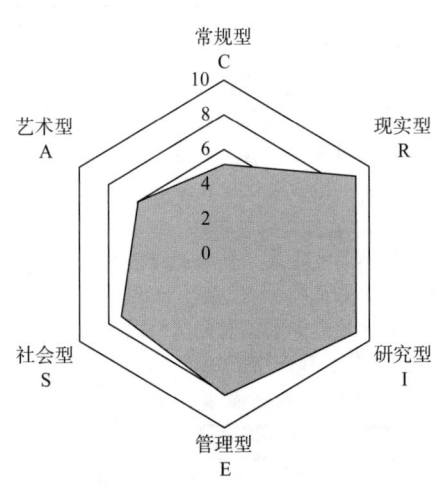

图7-5 霍兰德职业倾向测试雷达图

第7章
智能测评

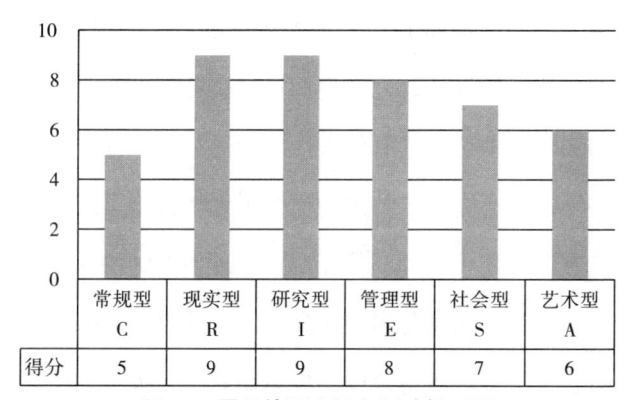

以上的测试结果，也可使用下面的柱形图来表示：

	常规型 C	现实型 R	研究型 I	管理型 E	社会型 S	艺术型 A
得分	5	9	9	8	7	6

图7-6 霍兰德职业倾向测试柱形图

霍兰德的职业理论最大的特点就是将"人格与兴趣"、"兴趣与职业"进行了关联，使人们对职业有了更深层次的认识。毫无疑问，在这一点上霍兰德在职业分类上明显优于MBTI和DISC，使其成为当今使用最为广泛的测评体系之一。霍兰德将职业兴趣理论与美国劳工部12000余个职业进行关联，编纂了"霍兰德职业代码词典"（The Dictionary of Hollandoccupational Codes），为人们按照自己的职业兴趣类型来匹配合适的职业提供了非常有价值的参考和依据。

大五人格测评

近年来，人们在性格研究上形成了较为一致的认识，提出了著名的人格大五模式（Bigfive），有人甚至称之为人格心理学中的一场革命。奥尔波特和他的助手在英语词汇中找到17953个关于描述人格差异的词汇，之后他们从中挑选出4500个。再后来卡特尔从4500个词中选出具有代表性的词汇35个，并进行了因素分析。1949年，菲斯克从卡特尔的词汇中再精选出了22个，并对比了这些特质上自我评定和同伴评定、心理咨询师的评定之间的关联，发现有五个因素总是出现在列表上，这就是后来的大五人格因素。随后多年，在更大范围的样本研究中，大五人格逐渐成为心理学界公认的人格特质理论，其分类详见表7-8所示。

表7-8　　　　　　　大五人格分类表

类型	英文	释义
开放性（O）	openness	具有想象、审美、情感丰富、求异、创造、智能等特质
责任心（C）	conscientiousness	显示胜任、公正、条理、尽职、成就、自律、谨慎、克制等特点
外倾性（E）	extroversion	表现出热情、社交、果断、活跃、冒险、乐观等特质
宜人性（A）	agreeableness	具有信任、利他、直率、依从、谦虚、移情等特质
神经质性（N）	neuroticism	难以平衡焦虑、敌对、压抑、自我意识、冲动、脆弱等情绪的特质，即不具有保持情绪稳定的能力

关于性格及职业类型方面的测试项目种类多达数十种，相

第 7 章
智 能 测 评

对比较著名的还有卡特尔16PF、施恩的职业锚测试、PDP高级版（英国PDP-II）、HBDI模型测试、贝尔宾团队角色模型、九型人格等，但企业用于员工招聘、人才选拔的测试方面仍以MBTI和霍兰德居多。这些测试项目各有优点，都有一定的理论背景，但它们也有一个共同的缺点或者缺陷，那就是：自陈式的通病，即：我来告诉你我是谁。自陈式的缺陷主要从以下几点来反映。

①因教育而不同。例如，初中与高中时期，测试结果可能完全相反。

②因心情而不同。例如，心情好的时候和心情差的时候测试效果差异会更大。

③因题库而不同。同一人到不同的测评机构测评同一项目，结果会有差异。

④因测评师而不同。不同的测评师，对测评结果的认识、理解不一样也会造成差异。

⑤因伪装而不同。例如，求职人想得到某份工作，可以伪装出某类职业特点。

所以，不管使用哪种测试系统，都应尽量避免以上所列几点可能造成的影响。

7.4 基于AI的职业测评

我们知道，一个人的性格（或人格）与其适应的职业相关。拿霍兰德的职业性格来举例，一个性格外向和开朗，又善于与人打交道社会型（S）的人，安排到公关部比在产品研发或财务岗位更适合他。如何通过技术手段来避免自陈式的缺陷，来更加真实地反映被测试者的实际性格及职业倾向行呢？

基于问卷的AI测评方案

在上一节我们列举了自陈式的一些缺陷，它不同程度地降低了测评的可信度，从而影响测评效果。我们知道，"自陈式"就是自己讲述自己的意思，如果这个方式不改变，就会使任何测评模型大打折扣。下面我们尝试利用AI接替"自陈"，并尽可能地消减影响测评效果的因素，从而达到测试目的。本例中，我们设计了基于霍兰德职业兴趣测评的AI解决方案，以下简称"霍兰德方案"。

（1）霍兰德方案工作原理

该方案的工作原理比较简单，就是利用AI的文本相似度计算功能设计海量题库降低人为伪装频率、再利用AI的对话功能实现

第7章
智能测评

人机对话，以替代参差不齐的测评师，最终达到优化现有霍兰德测评的目的。

（2）霍兰德方案的具体措施

①更新问答设计。问题设计要与时俱进，比如尽量不出现"勤劳"等类似字眼儿，改用"勤奋"，因为现代年轻人很容易理解"勤奋"，对"勤劳"理解不深入；我"讨厌数学"，改为"我讨厌数学或物理"，因为数学、物理揭示同样的个性特质。

②答题时设置游戏及音乐情景，使测试者的心情保持相对的稳定。

③创建海量题库，丰富耳熟能详的几十道旧题。利用AI的相似度计算功能，自动生产某一题目的N条描述，总题库达十万量级，确保再一次测试时有耳目一新的感觉。例如霍兰德1969版第54题：看情感影片时，我常禁不住眼圈红润。

利用AI创建如下替代新题：

> 看温情类电影时，我经常情不自禁。
> 我经常想起那部电影里的感人情节，时常被打动。
> 看人物传记小说时，我常常陷入故事情节而难于自拔。

④更新二段式答案为三段式，即用1、0.5和0，取代1和0答案模式。例如："我喜欢做一名教师"。

更新答题：是，不清楚，否

⑤采用智能机器人收卷、判卷功能。测试系统设置自动文字或语音提示，问卷统计结果自动计算，全程无须人工干预。

⑥启动系统监督功能，即鼠标无法离开测试系统，否则视为作弊；面部移动到电脑摄像头以外视为作弊。

（3）霍兰德方案工作流程

首先由AI系统根据霍兰德量表自动生成大数据意义上的海量题库，确保各级各类文化程度背景的人士使用；测试者通过微信公众号或API形式与测试主机链接；被测试者置于无干扰环境与AI进行互动式答题；被测试者作答结束后立即形成测试报告，最后测试报告返回给被测试者、AI系统同时自动保存报告到数据库，详见图7-7所示。

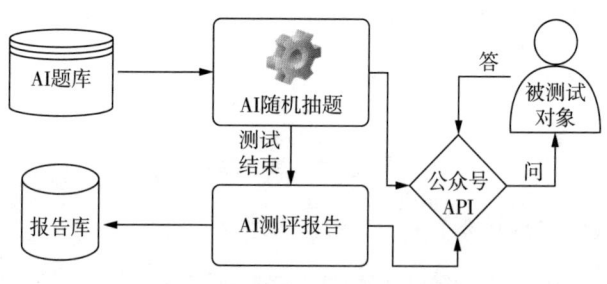

图7-7 霍兰德方案工作流程图

经过系统测试，基于问卷式的"霍兰德方案"能够在1~2个小时内完成10万左右条测试题目，并与职业性格类型逐一关联，与被测试者的问答流畅，到测评报告反馈，总时间耗费约15分钟左右。被测试者经过3轮测试，测试题目不会被重复，测试结果稳定。结论：人工智能可以有效地优化现有测评系统。

基于文本的AI测评方案

上文中，我们了解了基于传统问卷式（问/答）的AI解决方案，但笔者仍然认为不是AI最佳的表现，因为AI可以做得更好。下面以IBM的Watson™ Personality Insights来阐述AI在职业（或人格）测评中更具创新的表现。

Personality Insights是IBM推出的一项AI应用技术，可以从电子邮件、博客、推文和论坛帖子等数字通信中，进行语言分析从而推断人格特征。与传统"自陈式"测评不同的是，该项技术不是问卷式自问自答，也不需要测评师的辅助，只要将被测试者的"观点"上传至该平台，便会启动机器学习程序，推断被测试者的人格（性格），以及他个人的价值观等描述。Personality Insights通过大五人格理论、自我需要和个人价值三个模型来预测人的个性特征。见图7-8所示。

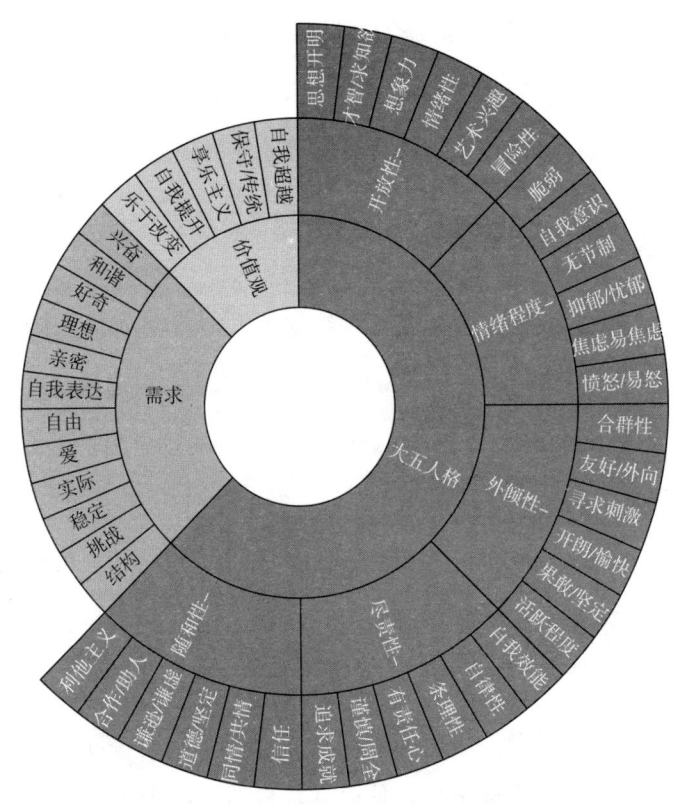

图7-8 IBM Personality Insights维度及构面旭日图

①大五人格。该模型包含五个主要维度：随和性、尽责性、外倾性、情绪程度和开放性。每个维度又有6个构面（层面），根据该维度（共30个构面）进一步描绘个人的特征。

第7章
智能测评

表7-9　　IBM Personality Insights大五类型维度构面

人格类型	构面（高低得分描述略）
随和性（A）	①利他主义/利他性 ②合作/乐于助人/顺从 ③谦逊/谦虚 ④道德/坚定/真诚 ⑤同情/共情 ⑥信任/信任他人
尽责性（C）	①追求成就/有紧迫感 ②谨慎/思虑周全/审慎 ③有责任心/尽责/责任感 ④条理性/有条理 ⑤自律性/坚持不懈 ⑥自我效能/自信/胜任感
外倾性（E）	①活跃程度/精力充沛 ②果敢/坚定而自信 ③开朗/愉快/积极情绪 ④寻求刺激 ⑤友好/外向/热情 ⑥合群性/善于交际
情绪程度（N）	①愤怒/易怒 ②焦虑/易焦虑 ③抑郁/忧郁/情绪化 ④无节制/自我放纵 ⑤自我意识 ⑥脆弱/容易感到压力/对压力敏感
开放性（O）	①冒险性/乐于体验 ②艺术兴趣 ③情绪性/感知情绪/情绪深度 ④想象力 ⑤才智/求知欲 ⑥思想开明/挑战权威/尊重多样性

来源：IBMCloud。

②自我需要。该模型用于描述哪些方面可能引起个人的共鸣，包含12种性格需求：兴奋、和谐、好奇、理想、接近、自我表达、自由、爱、实际、稳定、挑战和结构。

表7-10　　IBM Personality Insights需求分类

需要	得分高的人
兴奋	喜欢走出去，享受生活，情绪乐观，喜欢找乐子
和谐	欣赏他人，尊重他人的观点和感受
好奇	有探索、发现和成长的欲望
理想	追求完美，有团体意识
亲密	喜欢和家人保持联系，愿意成家立室

续表

需要	得分高的人
自我表达	喜欢发现并强调自己的身份
自由	有追求时尚和新事物的欲望,也有逃避的需要
爱	喜欢社交联系,不管是一对一还是一对多。任何涉及将人员召集在一起的品牌都可利用这种需求
实际	渴望完成工作,追求提高技能和效率,可能包括肢体语言和体验
稳定	在现实世界中寻求均等。偏好合情合理、经得起反复考验的事物
挑战	渴望取得成就、成功和应对挑战
结构	表现为踏实,渴望把事情整合在一起。需要事情组织得当,一切尽在掌握中

来源：IBMCloud。

③价值观。该模型描述了会影响个人决策的激励因素,包含五个价值观：自我超越与帮助他人、保守（传统）、享乐主义（享受生活）、自我提升（取得成功）和乐于接受改变。

表7-11　　IBM Personality Insights价值观分类

价值观	得分高的人
自我超越/帮助他人	表现为关注他人的福祉和利益
保守/传统	强调自我克制、条理性和因循守旧
享乐主义/享受生活	寻求自身享受和感官上的满足
自我提升/取得成功	寻求自身的个人成功
乐于接受改变/激动	强调独立的行动、思考和感受,以及愿意接受新体验

来源：IBMCloud。

第7章
智能测评

IBM的Personality Insights系统，在使用时向请求者反馈关于大五类人格类型、消费和需求类型，以及价值观等特征。结果不仅仅用于招聘选拔，更多可以应用于产品的市场营销场景，是迄今为止最为优秀的人格测评算法和计算维度最为全面的AI测评系统。

IBM开放了Personality Insights的API服务，任何一家企业或个人均可申请调用该服务，通过API接口开发自有特色的个性测评服务。例如一家位于美国的达尔文生态系统科技公司（Darwin Ecosystem）利用IBM的Personality Insights算法设计了职业测评方案Projected Personality Interpreter（PPI），该方案如今已被用在了美国警务人员招聘中。

PPI的工作原理是，向被测试者随机出一道诸如"告诉我们如何改善你的家乡""描述你最喜欢的假期"等自由命题，围绕该命题创作200字左右的短文。短文一旦提交，PPI测试系统便将该短文通过API接口传送至IBM Cloud（云服务）Personality Insights上进行学习、训练和比对，针对测试者的人格特征进行评分，还包括沟通技巧、道德感、创新愿望等，如图7-9至7-16所示（仅展示部分数据）。

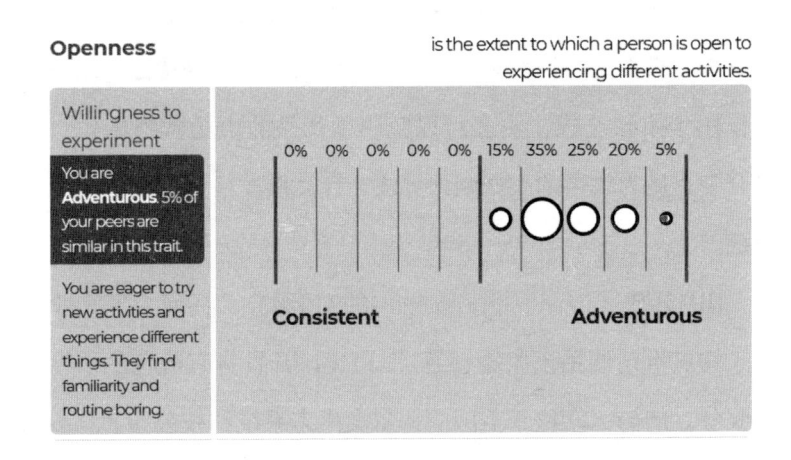

Openness is the extent to which a person is open to experiencing different activities.

Willingness to experiment

You are **Adventurous**. 5% of your peers are similar in this trait.

You are eager to try new activities and experience different things. They find familiarity and routine boring.

| 0% | 0% | 0% | 0% | 0% | 15% | 35% | 25% | 20% | 5% |

Consistent — Adventurous

图7-9　PPI测评报告Big5人格-开放性界面

Conscientiousness is a person's tendency to act in an organized or thoughtful way.

Motivation

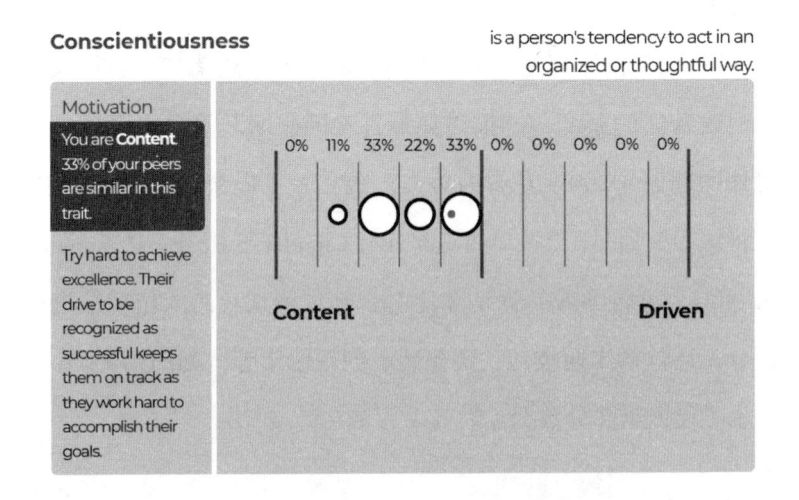

You are **Content**. 33% of your peers are similar in this trait.

Try hard to achieve excellence. Their drive to be recognized as successful keeps them on track as they work hard to accomplish their goals.

| 0% | 11% | 33% | 22% | 33% | 0% | 0% | 0% | 0% |

Content — Driven

图7-10　PPI测评报告Big5人格-尽责性界面

第 7 章
智 能 测 评

Extraversion is a person's tendency to seek stimulation in the company of others.

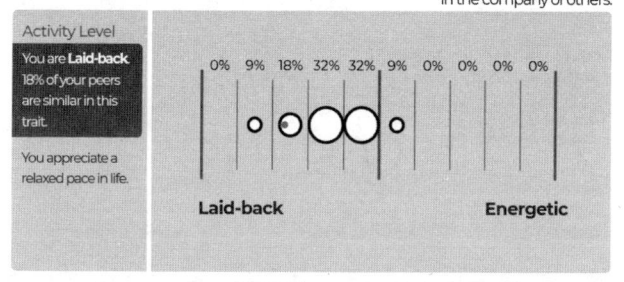

Activity Level

You are **Laid-back**. 18% of your peers are similar in this trait.

You appreciate a relaxed pace in life.

0% 9% 18% 32% 32% 9% 0% 0% 0%

Laid-back   **Energetic**

图7-11　PPI测评报告Big5人格-外倾性界面

Agreeableness is a person's tendency to be compassionate and cooperative toward others.

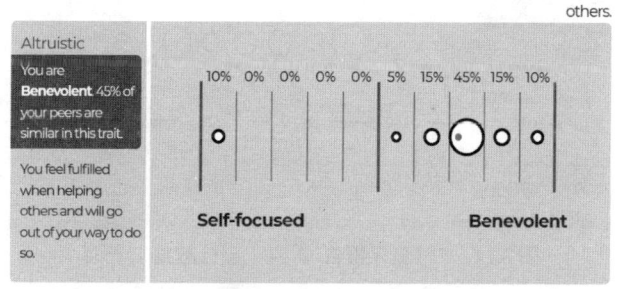

Altruistic

You are **Benevolent**. 45% of your peers are similar in this trait.

You feel fulfilled when helping others and will go out of your way to do so.

10% 0% 0% 0% 5% 15% 45% 15% 10%

Self-focused   **Benevolent**

图7-12　PPI测评报告Big5人格-随和性界面

Emotional range also referred to as Neuroticism or Natural reactions, is the extent to which a person's emotions are sensitive to the person's environment.

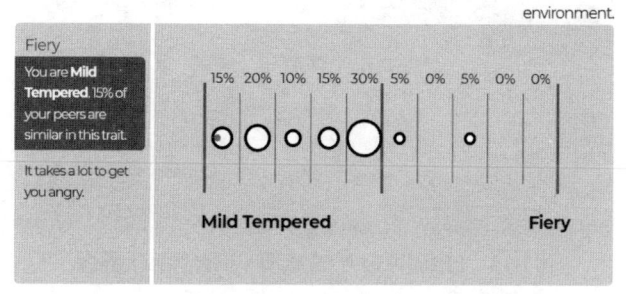

Fiery

You are **Mild Tempered**. 15% of your peers are similar in this trait.

It takes a lot to get you angry.

15% 20% 10% 15% 30% 5% 0% 5% 0% 0%

Mild Tempered   **Fiery**

图7-13　PPI测评报告Big5人格-情绪程度界面

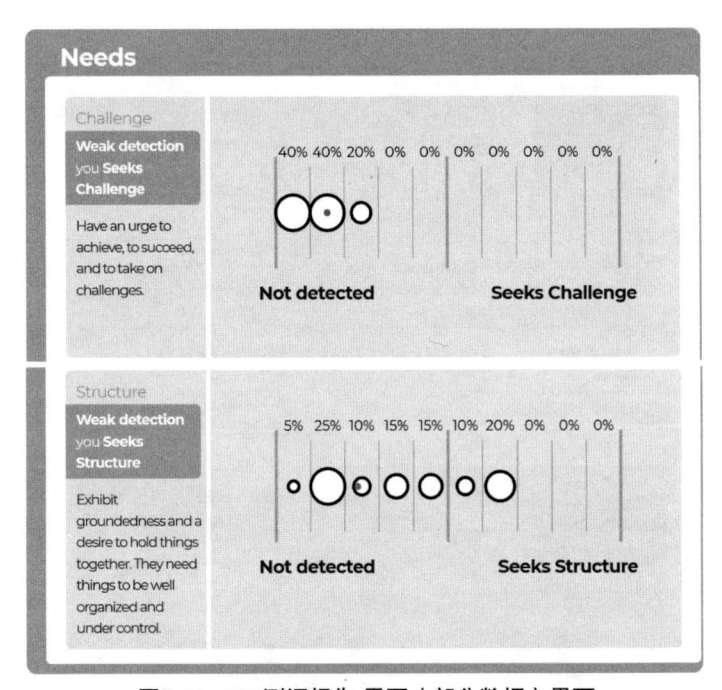

图7-14　PPI测评报告-需要（部分数据）界面

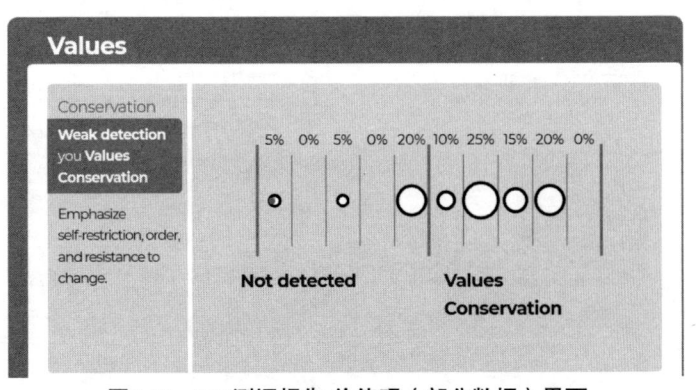

图7-15　PPI测评报告-价值观（部分数据）界面

第7章
智能测评

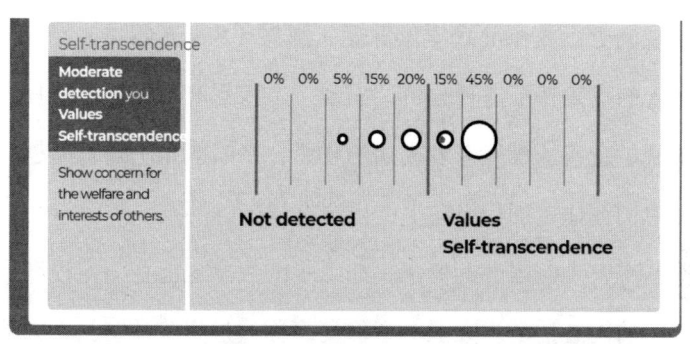

图7-16　PPI测评报告-价值观（部分数据）界面

IBM基于人工智能的个性推断技术，是基于大数据、心理学和职业学最新研究成果的基础上，采用最优秀的人工智能学习算法构建而成，具有较高的技术水平和商业价值，非常值得我们学习和应用。Watson™ Personality Insights已经对全球企业和个人提供API口服务，为HR专业人士学习、应用研发提供了专业环境。

基于视频的AI测评方案

有关心理学研究证明，人的面部变化规律与个性特征密切相关。

首先，人的嘴部变化规律对性格认知提供了丰富的内容。一个人感到开心时，嘴角一般会上扬；假如感到悲伤，嘴角则会下垂。因此，如果一个人嘴角经常上扬，那么这个人的性格往往比较乐观向上。美国心理学家苏珊·凯恩（Susan Cain）曾对一群年轻人的嘴角特征进行分析，发现一个人平时嘴角上扬的程度与其乐观、友善的程度有着密切的联系，平时嘴角上扬程度越高的人，他们往往更加积极向上，也会有很多的朋友。

其次，人们眼部的变化，如眨眼的频率也能在一定程度上反映人们的内心活动。大卫·李伯曼声称通过实验证明：当大脑回忆真实存在的事情时，眼睛会先向上，再向左转动，而如果去虚构一个画面，即说谎话时，眼球的运动恰恰相反，会先向上，再向右转动。

基于视频的智能测评系统，正是通过计算机获取个人面部表情，然后利用特定的个性机器学习算法识别出被测试者个性特征的一项测评技术。它的工作原理是，先对被测试者进行面部扫描，获取面部轮廓、眼部、眉部、鼻部和嘴部基本特征的68个数据点，然后根据这些数据点的变化规律，映射出被试者的情绪变化规律；再通过情绪变化规律，描述出性格特征。整个计算过程比较复杂，但测试过程较为简单，被试者面部只需要进入镜头即可。当然，摄像机获取的面部时间越长，评测结果就越接近实际，其工作原理见图7-17所示。

第 7 章
智 能 测 评

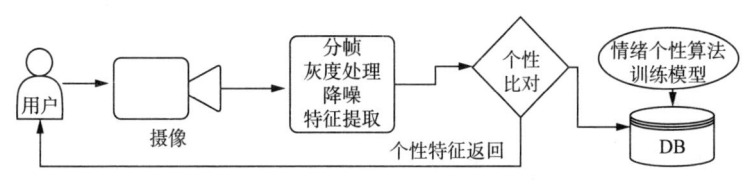

图7-17 基于视频的个性测评工作原理

①首先我们利用人脸识别特征库构建面部68个特征数据点。

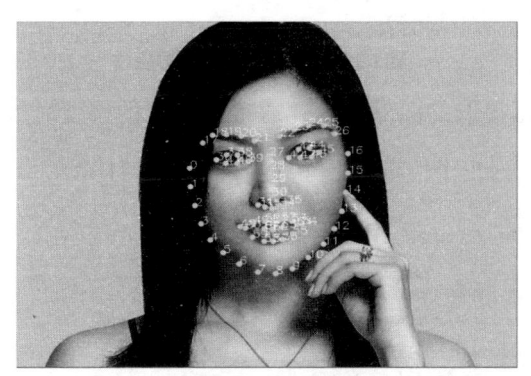

图7-18 人脸特征库构建的68个数据点

②提取68个数据点之间的变化数据。根据68个特征点时间可能发生的变化，我们可以通过68个特征点构成的距离来判断被测试者是否发生嘴、眼等部位运动，依次来推断情绪、个性特征。理论上68个数据点之间最多有2278个需要计算的数据点距离，按照每秒钟提取5次图像计算，我们每分钟大概能够获取2278×5×60=683400个数据，见图7-19所示。

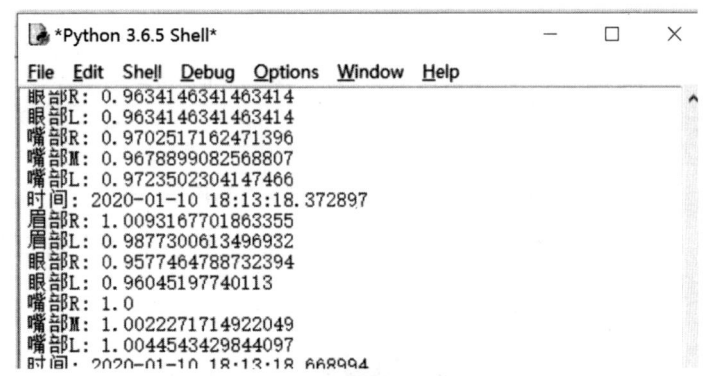

```
*Python 3.6.5 Shell*                           —    □    ×
File  Edit  Shell  Debug  Options  Window  Help
眼部R: 0.9634146341463414
眼部L: 0.9634146341463414
嘴部R: 0.9702517162471396
嘴部M: 0.9678899082568807
嘴部L: 0.9723502304147466
时间: 2020-01-10 18:13:18.372897
眉部R: 1.0093167701863355
眉部L: 0.9877300613496932
眼部R: 0.9577464788732394
眼部L: 0.96045197740113
嘴部R: 1.0
嘴部M: 1.0022271714922049
嘴部L: 1.0044543429844097
时间: 2020-01-10 18:13:18 668994
```

图7-19　提取面部运动数据

③根据提取的面部数据，通过训练好的模型对数据进行分析，最后构建出个性特征。详见图7-20、7-21所示。

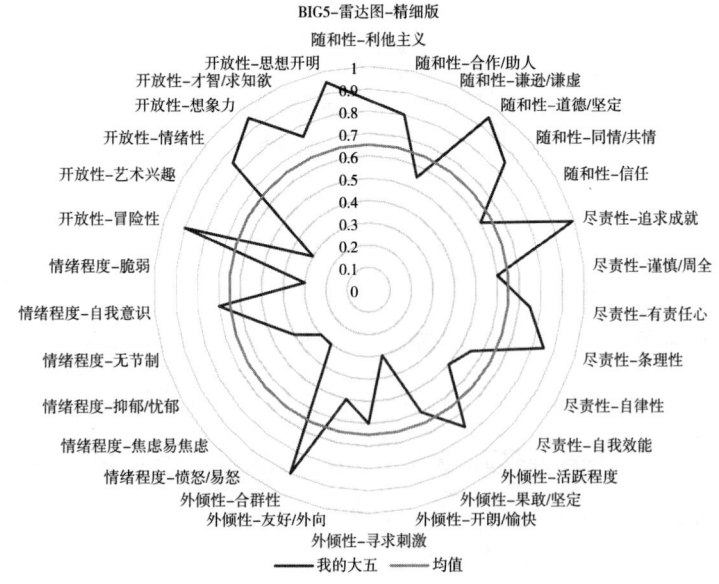

图7-20　大五类（BIG5）精细版雷达报告图

第 7 章
智 能 测 评

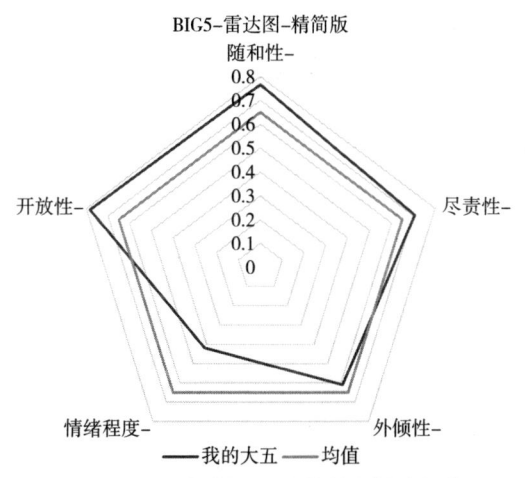

图7-21 大五类（BIG5）精简版雷达报告图

利用AI技术赋能职业测评，不但丰富了测评理论原有的不足，拉近了人力资源部与求职者间的距离。同时，AI职业测评将惠及所有人，使他们的职业规划变得有章可循，有路可走。

小结

一个人的性格（或人格）与适合他的职业有正向关系，这已经是不争的事实。远古时期，人们认为一切由上天（上帝）来决定，那么十二星座、十二属相理论就成为人们职业认知甚至命运认知的基本依据。而到了近代，心理学的发展为人们的人格认知、职业发展带来了较为科学和丰富的理论体系，各种测评方法应运而生,通过破解一个人的性格(人格)来映射出他的职业选择。今天,人工智能技术的快速发展,将复杂的心理学测评技术打包在一个计算机算法里,让性格测评变得不再神秘,一蹴而就。企业人力资源部门在员工招聘、员工选拔等方面也就有了更实用、更有效的工具。

第 8 章
大数据背景调查

8.1 背景调查助手

8.2 新员工录用

第 8 章
大数据背景调查

背景调查，或称"履职调查"，即对求职者进行的"证明材料核验"，主要包括身份信息、学历教育、工作履历、资格（或执业）证书、职业操守，以及相关人士的评价等方面。传统的背景调查，以人力资源部电话询问求职者工作单位或知情人的方式进行。相较传统调查手段，基于大数据的背景调查具有信息全面、即时快捷等特点，迅速成为人才引进大户的重要手段。在诚信意识不断加强的今天，也迫使求职者在求职资料上如实填报相关信息。

8.1 背景调查助手

传统的背景调查

人力资源部在完成求职者的简历匹配（筛选）、职业测评（或人格测评）、专业考试以及面谈后，基本上完成了招聘工作，但距离新员工入职尚欠一步，即求职者的背景调研，又称背景调查。对于一般的HR从业人员来讲，背景调查也不是一件容易的事情。比如核实求职责的身份信息、学历学位信息、执业证书、既往工作能力和业绩等。

严格来讲,背景调查发生在招聘的任何阶段。比如筛选简历时,验证求职者的真实身份信息、学历学位信息、工作履历等信息,而不是等工作做完以后才发现求职者提供了虚假资料或陈述。

在中国,政府公务员的背景调查从程序上已经做到无懈可击、毫无纰漏。因为,政府机关的人事部门(相当于企业的人力资源部)掌握着详尽的人事档案,从公务员的出生、小学到大学的教育情况、能力等级、思想表现,以及参加工作后的表现、工作调动情况都有详细的记载,若部分涉及机密的职位需要人事部全面了解,就会以"考察"的形式到实地调研。此外,干部提拔时,还须进行一轮公示,对公示期无异议的人员进行正式任命。国有企事业单位人员背景调查,基本沿用政府的做法,虽然无须像政府一样面面俱到,但也一定要调取待聘人员的纸介质原始档案。所以也无须过多地解释、说明。

本章所讲的背景调查,是针对民营企业或外资企业。民营企业一般不具备档案管理权,加之人员流动比较频繁,所以无法、也无须实施传统的"背景调查"。所以,民营企业的背景调查基本就是招聘经理与求职者原单位领导通过电话确认的方法进行简

第 8 章
大数据背景调查

易的确认。例如，笔者曾经离开上一家工作单位，但经常会有民营企业、外企的人力资源部员工、猎头公司的顾问们致电征询×××先生（女士）的背景评价。这种模式虽然是民企常态，但由于获取信息不全面，以及掺杂着一些个人偏见，一定程度上会造成背景调查的失真。

基于API的背景调查

基于AI的背景调查原理很简单，其工作原理就是借助数据公司或数据机构的API验证求职者的相关信息即可。

①利用API验证求职者的身份信息。如年龄、出生、民族等基本身份证信息，可以经过求职者同意后，通过公安部门的API的形式来验证求职者的真实身份。下面，我们以阿里云市场的API接口实现身份认证。

第一步：进入阿里云搜索"智能身份识别"。

图8-1 进入阿里云市场首页

第二步：进入"艾科瑞特（iCREDIT）智能身份识别购买页"。艾科瑞特提供500次的免费试用，500次以后每调用一次收费0.01元。

| 套餐版本: | 0元/500次 | 0.01元/1次 | 298元/5万次 | 598元/15万次 | 998元/50万次 |

1998元/100万次　　4998元/500万次　　9998元/1000万次

私有化授权费-9998元/次【不限制装机量】　　私有化模型更新费-4998元/年

套餐配额：500次

购买时长：单次　自购买之日起1个月有效

立即购买

图8-2　进入艾科瑞特（iCREDIT）API订购页面

第三步：配置查询密匙（阿里云提供的Appcode）和文件地址。这一步很关键。在本地的Python环境下复制API提供方的接口代码，在①处填上阿里云提供的阿里云APPCODE（32位的字符串），在②处填写身份证图片的文件地址即可，全程无须开发。API示例代码：

```
import urllib
import urllib.request
import time
import base64
host = 'http://ai-market-ocr-person-id.icredit.link'
path = '/ai-market/ocr/personid'
appcode = '9dc2eaae18474a5bbf061342dd27c284'    #①阿里云APPCODE
```

第8章
大数据背景调查

```
bodys = {}
url = host + path
bodys['AI_IDCARD_SIDE'] = 'FRONT'
f = open ( r'D: sfzzm.jpg', 'rb' ) #②身份证正反面，如：
FRONT为正面，BACK为副面
contents = base64.b64encode ( f.read ( ) )
f.close ( )
bodys['AI_IDCARD_IMAGE'] = contents
bodys['AI_IDCARD_IMAGE_TYPE'] = '0'
post_data = urllib.parse.urlencode ( bodys ).encode ( 'utf-8' )
request = urllib.request.Request ( url, post_data )
request.add_header ( 'Authorization', 'APPCODE ' + appcode )
request.add_header ( 'Content-Type', 'application/x-www-form-urlencoded; charset=UTF-8' )
response = urllib.request.urlopen ( request )
content = response.read ( )
if ( content ):
    print ( content.decode ( 'utf-8' ) )
```

该示例代码不需要做任何的改动，只需要在#①处填上阿里云的密匙、在#②处填上身份证的图片地址即可。运行以上代码，返回如下Json格式的身份证相关信息数据：

{ "PERSON_ID_STATUS": "艾科瑞特",
 "PERSON_ID_ENTITY": { "PERSON_NAME": "胡**",
"PERSON_SEX": "男", "PERSON_NATION": "汉",
"PERSON_ID": "4129321973********",
"PERSON_BIRTH": "1973年9月10日",
"PERSON_CHINESE_BIRTH": "癸丑年八月十四",

```
"PERSON_SIGN": "处女座",
"PERSON_ANIMAL": "属牛",
"PERSON_BIRTH_COUNTRY_ID": "412932",
"PERSON_BIRTH_PROVINCE": "",
"PERSON_BIRTH_CITY": "",
"PERSON_BIRTH_DISTRICT": "",
"PERSON_ADDRESS": "郑州市金水区*************",
"PERSON_LIVING_COUNTRY_ID": "410105",
"PERSON_LIVING_PROVINCE": "河南省",
"PERSON_LIVING_CITY": "郑州市",
"PERSON_LIVING_DISTRICT": "金水区",
……
```

以上三步即可实现身份信息查询，不需要任何编程经验即可完成。如果想把该API集成到办公信息平台上，直接调用身份证信息即可实现批量、快速查询。

②利用API验证求职者的学历学位信息。通过调用大数据公司的学历查询接口来验证求职者的学历真伪。学历数据一般由教育部学信网提供，学位信息一般由国务院学位办授权查询，具体使用方法参见"利用API验证求职者的身份信息"。

③利用API验证求职者的职业资格信息。国家职业资格网、会计师协会、工信部等部门均有大量的关于个人的资格证书信息，有的提供了查询接口，如人力资源管理师、教师资格、车钳工等。验证求职者的资格证书情况。具体使用方法略。

④利用API验证求职者的履历信息。通过社保数据接口，

第 8 章
大数据背景调查

企业HR会了解更多的信息。目前，这个接口是最有效的方法。虽然有些社保缴纳单位信息与实际工作单位存在不一致的情形，但这种个案可以通过常规背景调查方式弥补。具体使用方法从略。

⑤利用API验证求职者专业证书信息。驾驶证、信用、注册会计师等查询接口。具体使用方法从略。

小结

背景调查是必要的，但不必要在某些无关轻重的小事上较真，例如求职者在原单位的工资水平是2万元还是3万元。一句话，人无完人、金无足赤。另外要提醒一点的是，背景调查不要影响求职者的正常工作和生活。

8.2 新员工录用

新员工录用标准

新员工招聘工作是按照简历匹配、职业测评、专业考试及面试（面谈）、背景调查次序逐步展开的，那么决定员工录用的四大要素也一定在这几个阶段当中，那就是简历合格、个性符合（人格或性格）、专业合格，以及背景调查合格，如图8-3所示。

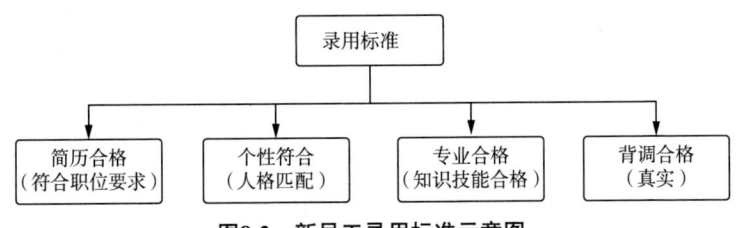

```
                    录用标准
        ┌───────┬────────┬────────┐
    简历合格   个性符合   专业合格   背调合格
  （符合职位要求）（人格匹配）（知识技能合格）（真实）
```

图8-3　新员工录用标准示意图

如果必须要为四个标准或评价要素分配权重，笔者认为应按照职位不同而体现差异性。因背景调查只是对简历筛选结果负责，属于重大问题否决项，不设权重。一旦求职者"简历匹配""职业倾向性""考试及面谈"和"背景调查"全部通过，那么该求职者就符合录用上岗的标准或条件；如果"背景调查"涉及学历、工作履历等重大虚假时即构成重大否决情况，不予录用。各权重设置详见表8-1所示。

表8-1　新员工录用评价标准权重

新员工	简历分析	职业测评	专业考试	背景调研
应届毕业生	10%	50%	40%	无须
3~5年经验	40%	30%	30%	重大否决
5~10年经验	60%	20%	20%	重大否决
10年以上经验	60%	10%	30%	重大否决

第8章
大数据背景调查

谁有最终录用决策权

我们先看一则关于"微信之父"张小龙被技术人员"否决"的故事。

张小龙未加入腾讯公司之前,是一位不得志的IT大牛。上世纪90年代,在国内胆敢单挑微软outlook邮件系统的是Foxmail,这款神器就出自张小龙之手。Foxmail是小龙的成名之作,虽然没有赚到足够的金钱,但也拥有几百万的用户,张小龙也因此奠定了国内顶级程序员的江湖地位。业界朋友经常劝说小龙在Fox上加广告,以实现知识变现,固执的小龙自始至终都没有在Fox加载广告。有一天,小龙收到一封邮件,署名是金山软件CEO雷军。雷军:有没有可能卖给金山?小龙很是激动:15万怎么样?此时的小龙,一方面继续投入资金维护Fox,实在招架不住,另一方面Fox也无法变现挣钱,如坐针毡。故彼时的雷军窃喜,几百万的用户才十几万那绝对超值。在雷军眼里那就是捡漏!

事后雷军派手下找张小龙当面洽谈。不善言谈的张小龙被对方轻视:你这玩意儿金山的人一两月都能做出来了。于是谈判告吹。你想呀,让一个技术人员与另外一个技术人员谈收购,靠谱吗?同行是冤家,再说了,能找到对方的错也算本领呀。

AI+HR
智能招聘：人工智能浪潮下的招聘大变局

一年后的2000年，博大公司以1200万元连人一起买下了Fox。

2005年，博大因各种原因，又将Fox卖给腾讯，小龙就这样被稀里糊涂地加盟到企鹅系，也因此迎来了人生中最重要的贵人、事业上的伯乐马化腾。

马化腾对小龙只有一个要求：把QQ邮箱打造成为中国的hotmail。小龙没食言，QQ邮箱2007年终于成为国内老大，坐稳江湖。

2009年黑莓推出聊天应用Kik，短短15天收纳用户100万。激动的小龙哥连夜给马化腾写信，建议由他领导一支团队开发类似kik的社交软件。马化腾立即回邮件：立马整！

这时的雷军，也注意到了kik，下令手下立即研发"米聊"。2010年12月10日，米聊上线。2011年1月21日，也就是"米聊"上线的一月后，"微信"上线。2012年3月29日，在微信上线433天，马化腾宣布微信在线用户数突破1亿，成为当时用户数破亿最快的APP。至此，小龙领衔研发的微信远超米聊，再次坐实了国内社交圈的江湖老大地位。

从Foxmail、到QQmail，再到微信，小龙都做到了极致，不得不承认，小龙就是传说中的千里马。千里马常有，而伯乐不常有，与他擦肩而过的伯乐并不少，而小龙的终极伯乐是马化腾。

第8章
大数据背景调查

这说明了啥？让同行与同行洽谈（或面试）往往会找对方的bug，这也是笔者多年来不建议用人部门面试求职者的原因，至少不授予用人部门决策权。

理论上，没有规定谁拥有最终决策权，来决定一位求职者最终是否被录用。在具体的企业文化背景下，每个企业都有独到的决策机制，比如有的企业人事权一律归CEO或总裁，也有的企业归用人部门，当然也有一部分企业将录用决策权授予人力资源部。从企业长期利益来看，在人力资源部功能健全、能力正常的情况下，笔者建议按照表8-2设置决策权限较为合适。

表8-2　　　　　　　　员工录用决策权

员工层次	建议权	最终决策权
高层	人力资源部及用人部门	CEO或总裁（CHRO有40%表决权）
中层	人力资源部及用人部门	首席人才官（CHRO）
基层	用人部门及人力资源部	人力资源经理

小结

背景调查是招聘活动的最后一个环节，同时也是决定求职者是否被录用的关键。实践中，有些求职者过五关斩六将，可到了背景调查环节遭遇"黑天鹅"。当然，背景调查不仅限于本章所讲内容，实际工作中还需要兼用传统的背景调查。

第 9 章
AI-HR 的未来展望

9.1　新思想新技术新动力

9.2　超级招聘平台即将登场

9.3　人力资源部将被重新架构

第 9 章
AI-HR 的未来展望

AI-HR不限于智能招聘应用场景,将涵盖人力资源所有业务单元,甚至于因此推出新的人力资源理论或思想。"AI只是一个技术,不会改变人力资源的根本理论""人工智能并不能替代人"等所谓专家论调,实在是滑稽可笑。笔者的观点恰恰与之相反:AI-HR一定是"颠覆"传统人力资源理论的主力军。

9.1 新思想新技术新动力

迭代的人才标签

笔者20世纪90年代初的大学时期,英语老师讲述过她的预言,反复强调学好英语的重要性:英语、计算机和驾驶是21世纪人才的标志。我们哪里肯相信!因为即使在大学,也就那么几个外国人,费这么大的劲儿学英语有多少机会跟老外交流呢?再说计算机,我们电子类专业学生还能有机会到微机室折腾下体型硕大、价格昂贵的台式电脑,这一生会有机会用电脑办公吗?还有汽车驾驶,当时的桑塔纳轿车价格十几万元一台,而人们当时的

智能招聘：人工智能浪潮下的招聘大变局

月工资标准才200元左右，一辈子也没有可能买得起汽车，也不准备给别人当司机，干吗学习汽车驾驶？英语老师的预言，甚至成了学生的笑料。

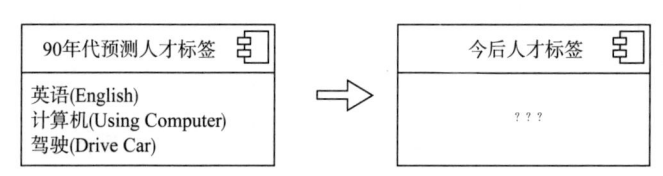

```
┌─────────────────────────┐         ┌─────────────────────────┐
│ 90年代预测人才标签       │   ==>   │ 今后人才标签             │
│ 英语(English)           │         │                         │
│ 计算机(Using Computer)  │         │         ？？？          │
│ 驾驶(Drive Car)         │         │                         │
└─────────────────────────┘         └─────────────────────────┘
```

图9-1　90年代初期人才标签

大概毕业三年后，身边就逐渐发生着变化。由于互联网的兴起，人们的视线从报纸平移至电脑，视角从国内转向海外，突然间感受到了英语是国际语言的现实，英语学得好的一些同学，竟然有了到微软、IBM这种世界顶级公司工作的机会。个人电脑（PC）也猛然间得以普及，外形小了，性能更优越了，价格也从几万便宜到了几千元一台。2000年，我也有了一生中的第一台个人电脑。再后来，大款、高级官员才配得起的汽车逐步降低身价走进寻常百姓家，2005年我拥有了属于自己的第一部家庭轿车。

不是吗？跻身中国首富的阿里巴巴创始人马云，在公开演讲中承认，是英语成就了他。事实上，还有重要的一点，就是马云的产业居然是以电脑为基础。

那么，人们会问，今后的人才标签是什么呢？

第 9 章
AI-HR 的未来展望

纵然我们不是预言家，但笔者认为，未来5年人才的标签将大变，从传统的三个标签迭代为新时代的三项技能，即：专业领域、人工智能和英语。何为专业？专业就是从事一项专业性较强的事业，比如在大学学习人力资源、市场营销，毕业后从事人力资源或市场营销工作，这就叫专业；人工智能？不一定要求你会设计学习框架、设计算法，但一定要知道如何嫁接你的专业领域，要会使用它；英语呢，它并没有像有些人讲的没有用处。英语依然能把你带进专业知识的海洋，向全球顶尖的行业精英学习，并与之交流。

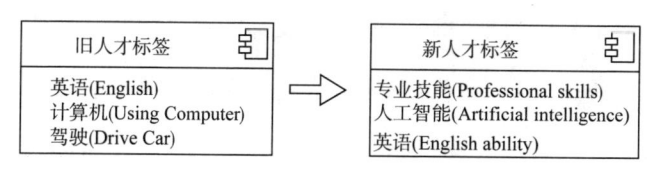

```
┌─────────────────────────┐       ┌──────────────────────────────────┐
│ 旧人才标签              │       │ 新人才标签                       │
│ 英语(English)           │  ⇒    │ 专业技能(Professional skills)    │
│ 计算机(Using Computer)  │       │ 人工智能(Artificial intelligence)│
│ 驾驶(Drive Car)         │       │ 英语(English ability)            │
└─────────────────────────┘       └──────────────────────────────────┘
```

图9-2　新时代人才标签

AI与人类共同工作

纵观人类科学进步的历史，无不是以发明新技术、新产品以提高生产力水平，提高产品质量，减少体力劳动强度和劳动量为出发点的。虽然工业高度发展为人类来了空前的繁荣，而它的副作用也伴随而至。比如汽车运输业为人类带繁荣的同时，也带来了仅次于战争所带来的人员伤亡和伤害。据2015年10月19日世

AI+HR

智能招聘：人工智能浪潮下的招聘大变局

界卫生组织在日内瓦发布《2015年全球道路安全现状报告》所显示，每年约125万人死于交通事故。交通事故已经让各国政府束手无策，近乎江郎才尽，但车祸仍然接连发生。笔者始终执信于"马车时代'马粪问题'到汽车时代不解而自解"。人工智能驾驶技术的蓬勃发展定能大幅消减交通事故，同时带动新能源汽车的发展。基于AI的汽车产业不久即将接替现代汽车工业，基于AI"自己驾驶自己"的战车已经驶来。

　　工业的进步，还为人类的生存环境带来了致命的危害，废气、辐射、水域污染、土地污染等，社会系列化的风险说来便来。表面上看，可能是政府的工作没有做到，但究其本质，还是工业的各自为战、野蛮发展造成的。如何协调产业生态环境和人类生存的自然环境？人们已经在利用AI技术重新构化产业发展策略，比如，AI智能驾驶的设计目标就是将事故率设计为"零"，而不是汽车时代的"5%"。本书第五章关于简历处理的内容里，也曾多次提到：信息过载时代，人力资源部在海量的人才面前显得无力、无助，这恰是数据化经济时代的标志，采用传统人工处理海量、复杂的数据，几乎是一项不可能完成的工作。而利用AI技术，在越过这些"障碍"的同时，还可以有"意外收获"。

　　全球几乎所有行业都在不同程度地利用或即将利用AI来协助

第 9 章
AI-HR 的未来展望

人们工作，人们认为最不可能嫁接人工智能的农业，也开始全产业链利用AI技术了。比如中国山东寿光，农民的蔬菜大棚子里，物联网、人工智能技术运用随处可见。

人工智能的快速发展，逐渐形成了两个截然相反的阵营。反对派认为，AI或最终消灭人类，抢走人类的工作是第一步。笔者认为，AI不是怪物，也不可怕，因为AI是全人类共同的智慧，绝不是哪一个人的成果。比如NLP，它依托于数学、语言学和计算机科学，它的迭代、进化完全依赖于这些学科的发展与进步。据有关机构预测，随着工业、商业以及类人机器人的逐步普及，5年后现有50%的岗位将被AI取代。产业也好，个人也罢，利用AI技术武装自己，定是聪明之举。

求职者开始以"我"为中心

当前就业群体呈现多层次思维意识。比如前面提到过的关于跳槽的网络段子：70后，希望在一个单位工作一辈子；80后，哪里工资高，就想着去跳槽；90后，与上司争吵两次就要跳槽；00后，老板或上司有两次不听他的，他就要辞职。

这个段子可能不一定准确，但至少有这种现象。特别是00后这一代，它体现了个性张扬时代的到来。年轻一代人对精神领域的追求大于物质领域，这给现代人力资源管理带来了巨大的挑战，因为实践中的人力资源管理体系均是以"物质激励"（正激励和负激励）为基础的。

笔者并不排斥这种现象，反倒感觉这是时代的进步。60、70后们可能更看重的是企业，80后、90后眼里的侧重点是岗位，而00后眼里看重的则是职业，即：不但能满足自己兴趣爱好、又能发挥特长，同时符合自己的价值观。

9.2　超级招聘平台即将登场

传统招聘网站无法解决问题

如今的招聘网站，可以用多如牛毛来比喻，而且毫无特色地竞争着：先投放广告吸引求职者注册简历，再向企业销售会员套餐，最后由企业发布招聘广告，求职者投递简历，成为所有招聘网站的生存或盈利模式。从网站的分类来看，现今的招聘网站只是一个分类广告网站，虽然有些在宣传时标注如何智能。

中国第一代互联网公司，就是基于广告的网站，例如百度、网易、搜狐等综合性广告门户，像智联招聘、前程无忧等属于垂直性广告门户。第二代互联网公司，基于交易的电子商务，如阿里巴巴、京东等。随着大数据、人工智能技术的发展，基于AI的

第 9 章

AI-HR 的未来展望

第三代互联企业已经崛起，如头条、滴滴等。完全基于人工智能的智能招聘平台也将出现，目前业界普遍认为"领英"是市场上的老大，但它并未完全基于人工智能，而只是在某些功能上利用了 AI 技术。

笔者认为，未来的招聘网站或平台的终极模式，就是一个真正的智能化平台：用人方只要发出用人请求，系统即可将最符合要求的求职者简历匹配过去；如果求职者想找工作，智能平台即刻将最符合他的职位匹配过来，同时在平台上自动完成职业测评、背景调查，以及专业考核等一系列事情。

智能招聘平台蓝图构想

根据笔者的理解和设想，未来的智能招聘平台应该具备如下功能。

①智能匹配：实现职位与简历的完全智能匹配，无须人工干预的智能匹配功能。

②智能测评：实现人格和职业兴趣倾向的智能测评。

③智能考试：实现岗位适宜的在线知识考试，海量题库、智能出题、判卷等。

④智能认证：实现基于大数据的智能认证，如身份认证、学历等认证功能。

⑤智能面试：实现基于远程视频流的面试功能，邀约、认证、面谈、AI评估等。

⑥数据 API：集成能够实现求职者所有关于就业的职业数据接口。详见图9-3所示。

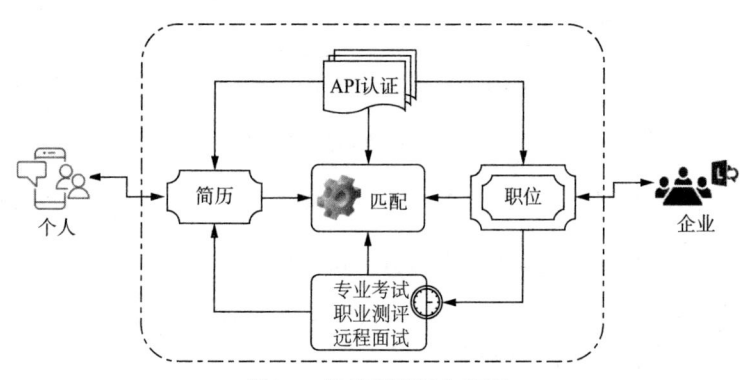

图9-3　智能招聘平台蓝图

智能平台不是现有招聘网站的简单升级，是完全基于新的服务理念下的AI平台。智能驾驶的目标是交通事故为零。同样，智能招聘平台的设计目标是：匹配准确率为100%，即匹配的职位最适合求职者，或求职者匹配最佳职位，其功能要求为：

①求职者只需要如实填写简历；

②用单位只需要如实发布职位；

③平台完全对认证数据负责；

④平台完全对考试负责；

⑤平台负责搭建系统和服务框架，不断更新智能匹配算法

第 9 章
AI-HR 的未来展望

等,确保匹配精度为100%。

如此,可以最终实现招聘和求职时间大幅压缩,甚至为零。

求职者需要的是工作,企业方需要的也是工作,所以智能招聘平台的终极目标或者使命是:个人求职成本趋于零,企业招聘成本趋于零。

让智能平台变成一个"水龙头",求职者打开就有合适的职位流出来,企业打开它就有合适的人才流出来。这虽是美好的理想,但笔者相信这一天终会到来。

9.3 人力资源部将被重新架构

从传统人事模式到现代的人力资源模块化运营,是时代的进步。一方面企业管理层对人力资源部寄予很高的期望,另一方面对人力资源部的工作存有种种批评或非议,甚至有人在媒体上撰文要"炸掉人力资源部",比如托马斯·斯图沃特曾在《财富》扬言"炸掉你的人力资源部"、拉里·查兰在《哈佛商业评论》表示"分割人力资源部"。即使以人力资源工作为标杆的华为公司,2019年也爆出"胡玲"事件和"李洪元"事件,并因此加速了华为改组人力资源部的动作。据说,首先"忍不了"HR的也是华为,总裁任正非签发了总裁办第62号文件《关于人力资源组织运作优化的讲话——任正非与总干部部及人力资源部相关主管的沟通纪要》。据此华为人力资源部被拆分为总干部部和人力资源部，原人力资源部负责建议、执行和监管，总干部部负责人才选拔、绩效和股权。笔者认为，这种改革是必需的，是华为人力资源工作的一个重要创新。实质上，面对汹涌而来的智能科技浪潮，所有企业都将面临新一轮人力资源变革和洗礼。

缺乏创新力的HR三支柱

人力资源三支柱的做法由来已久。

人力资源三支柱模型是代维·尤里奇于1997年提出，即COE（Center of Expertise，专家中心）、HRBP（Human Resource Business Partner，人力资源业务伙伴）和SSC（Shared Service Center，共享服务中心）。以三支柱为支撑的人力资源体系源于公司战略，服务于公司业务，其核心理念是通过组织能力再造，让HR更好地为组织创造价值，实质上是人力资源部的组织架构及分工。

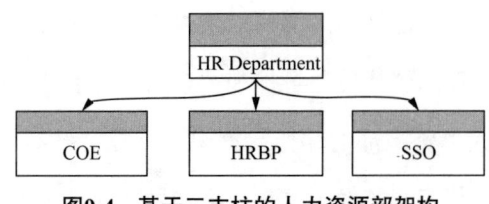

图9-4 基于三支柱的人力资源部架构

第9章
AI-HR 的未来展望

HR三支柱模式一经推出，在理论层面就站稳了脚跟，更是受到了大企业的青睐并纷纷效仿，它是继HR六大模块之后最得人心的理论模型。随后，HR三支柱也成了咨询公司最得意的咨询产品，HR三支柱模型大行其道。后来，HR三支柱被神话，似乎是无所不能，并在市场上滋生了多个变种，大大小小的企业不同程度地将三支柱模型应用于人力资源工作。

在笔者看来，对于人力资源工作本身而言，HR三支柱并不是什么多伟大的创举，它是在借鉴产品、营销三支柱的基础上翻版而来。为什么这么说，我们先来来看看产品的"三支柱"。20世纪80年代，有一定规模的企业围绕"产品"而设有以下三个部门：研发部、生产部和售后部。研发部负责技术和产品方面的研发，生产部负责批量生产，售后部负责维修或安装维护。

再看看稍有规模企业的市场营销的"三支柱"，一样都设有三个部门：市场部、销售部和客服部，与产品技术的"三支柱"有异曲同工之妙。市场部负责市场调研分析、销售预测，销售部负责售卖产品，而客服部负责解答客户疑问和投诉处理等。

经过简单对比，我们发现，三者均有一个共同特点：创新、执行和服务。三者都是按照功能划分工作责任区。于是，我们得出表9-1。

表9-1 产品、营销及人力资源三支柱功能表

功能	营销三支柱	产品三支柱	人力资源三支柱
创新	市场部（MD）	研发部（R&D）	专家中心（CEO）
执行	销售部（SD）	生产部（PD）	执行（HRBP）
服务	客服部（CSD）	售后部（SSD）	共享服务（SSC）

笔者确信，假如读者看过此表，便会对被专家、咨询师鼓吹得令人眼花缭乱的HR三支柱有了本质的认识，而且相信读者都能按照该表设计自己企业或组织的HR三支柱。甚至猜想代维·尤里奇大师可能也是受到产品或营销的"三支柱"启发吧。但是不管怎么说，HR三支柱理论在人力资源部门分工上的确是个进步。为了进一步说明HR三支柱要优于HR的六大模块，我们还要列表进行对比。

表9-2 人力资源工作模式特点比较

模式	HR+行政	HR六大模块	HR三支柱
分工方面	按级别划分	按业务特点划分	按业务性质划分
强调方面	服务	全面	执行
职责方面	弱	具体	明确

显而易见，人力资源的初期阶段，往往与行政合并一体，按文员、主管、经理及总监来划分职责，强调HR服务，HR职责被弱化；在六大模块下，部门分工按照招聘、培训、绩效等业务来划分职责，强调各功能模块齐头并进，也很具体，但不能突出侧重点；在HR三支柱模式下，按照业务性质（研发、执行和服

第9章
AI-HR 的未来展望

务）来划分职责，而强调执行的作用（HRBP功能），职责相对更明确，分工更清晰。

综合以上内容，笔者认为HR"三支柱"模式是目前HR工作分工较具先进性的模式。纵然如此，HR三支柱模式仍然是缺乏创新力的模式，原因有以下几点。

①HR三支柱的分工模式，其理念完全来源于产品和营销的"三支柱"，根本算不上真正意义上的人力资源创新。

②HR三支柱本身就存在，即使人力资源部只有一个人的情况下，他仍然要行使"三支柱"所有职能：设计方案、执行方案以及由于方案带来的服务。

③HR三支柱没有解决甚至着手解决重大HR难题，例如宣称的是"以人为资本"，招聘过程中仍旧是围绕HR部门转，固化为官本位；HR数据过载问题，缺乏洞察力却视而不见；个性化（或人性）管理问题，鲜有出台个性化主张的理念、措施，而采取一刀切；HR部门的业务化（或专业技术）问题，抛给专业部门，出现踢皮球现象，等等。

总之，HR三支柱是人力资源工作模式的进步，值得肯定。但对于解决当前的HR难题，不是改为三支柱模式就可以实现的，必须结合最新理论成果和先进技术方可化解。

AI+HR
智能招聘：人工智能浪潮下的招聘大变局

未来人力资源部架构设想

笔者并非想标新立异，而是本着"以人为本"的原则，着眼于解决现实问题。首先，人力资源部应当聚集复合型专业人才，而非单一的管理专业人才；其次，要充分利用互联网、大数据和人工智能，以技术赋能人力资源各项业务，设想如下。

（1）设置三大业务模块

人力资源数据、人力资源智能和人力资源人工服务三大模块。

（2）岗位设置上，结合数据、智能化专业岗位，设置以下职位

①CHRO（首席人才官或人力资源总监），但要身兼HR+AI技能于一身。

②HR人工智能工程师，将HR业务AI化，逐步实现人机协同。

③HR数据分析师，处理绩效考评数据、薪酬福利数据等数据和业务。

④招聘对话训练师，以处理求职者与人力资源部（AI）、人力资源部（AI）与员工的日常对话业务。

⑤简历分析师，以处理简历发布、简历归一处理、人才数据

第9章
AI-HR 的未来展望

库、智能匹配、人才挖掘等。

⑥职业测评师,以人格(性格)测评、职业测评、胜任力测评、潜力评估等。

⑦舆情分析师,以招聘体验、雇主品牌、员工自媒体等各类新媒体+HR业务。

⑧人力资源服务师,以非数据化、智能化业务为主,如员工活动、劳动诉讼等。详见9-5图所示。

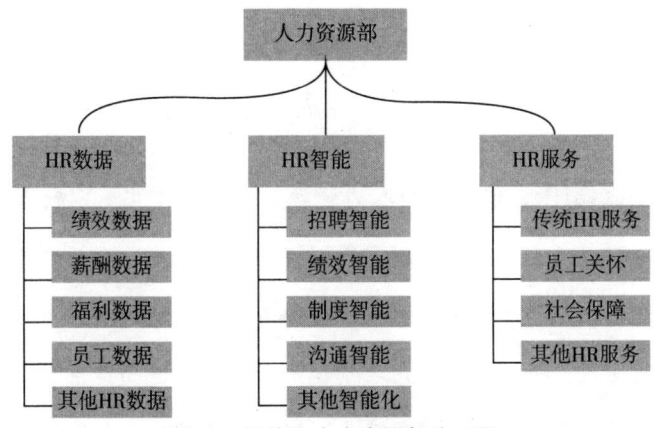

图9-5 智能化人力资源部分工图

通过本书关于智能招聘业务的讲解,相信读者能够感受到大数据、人工智能在人力资源工作中的分量。利用AI代替人力资源与求职者沟通,最大的好处是让求职者感受到咨询是即时的、全面的,事实上是人力资源部利用AI实现了"以人为本";利用大数据处理技术,将海量简历进行标注,瞬间装入企业人才数据库，这在以前简直不敢想象；性格及职业倾向的智能化测评，让所有员工建立"职业规划"档案成为可能，也为员工的文化性筛选提供了真实依据；智能化建立筛选及匹配，消除了人为偏见，真正做到了一视同仁；利用大数据和人工智能让薪酬福利、绩效考评等业务数据化，以及从数据化再到可视化，让繁杂的业务自动化运行，等等。人力资源业务的数据化、智能化将使人力资源部员工从繁杂的业务中解脱出来，有时间着眼未来、聚焦HR核心问题，真正做到HR赋能团队、赋能业务。

小结

AI赋能HR，使传统的人力资源管理如获重生。以前人力资源领域飘忽不定的东西，瞬间得以证明。传统中，企业作为用人方始终处于主动方和强势地位，求职者只能被动式适应。随着AI的不断迭代，将迫使企业用人制度更加透明，进而催生企业适应个性化的人力资源管理模式产生，这就为雇用双方创造了一个平等的制度条件。